워마드는
불편하지만
페미니즘은
해야 해

워마드는
불편하지만
페미니즘은
해야 해

김지우 지음

인간사랑

페미니즘과 휴머니즘

이 책은 페미니즘에 관심이 있지만 워마드가 불편한 사람들을 위한 글이다. 워마드는 페미니즘의 전부가 아니다. 워마드라는 단면만 보고서 페미니즘은 이러이러하다고 판단을 내리는 사람들에게 잠시 그 둘의 관계에 대해서 생각해 보고자 하는 글이다. 더불어 여성과 남성, 어느 한 쪽의 손을 들어주고자 하는 책도 아니다. 페미니즘은 사회 문제다. 사회문제는 문제점이 무엇이고 어떻게 해야 그것을 해결을 할 수 있는지 방법을 모색해야 한다. 문제의 잘잘못을 가려 누구의 편을 들고 어느 한 쪽의 편향된 환영을 받아선 안 된다. 갈등을 없애고 화해를 이루기 위해선 어느 한 쪽의 노력만 요구해서는 안 된다. 모두의 노력이 필요하다.

근 2년 사이 페미니즘의 대한 논의가 활발히 진행되었다. 하지만 그만큼 반발도 많았다. 페미니즘의 공격적인 모습에 '페미나치'[1]라는 단어로 조롱하고, 안티페미니즘 카페가 개설되어 페미니즘을 비판하였다. 아예 페미니즘과 선을 긋고 휴머니즘을 하자는 주장도 나왔다. 여성만을 위한 운동이 아니라 모두를 위한 운동을 하자는 것이다.

페미니즘이란 단어는 워마드와 같은 급진적 단체에 의해 변질되었다고 생각한다. 따라서 페미니즘에서 휴머니즘을 분리해서, 독자적인 노선을 가도 좋다. 그러나 이 책에선 '페미니즘'이란 단어를 고집한다. 기울어진 운동장[2]이 존재하는 이상 페미니즘이란 단어를 포기하는 것은 시기상조로 보이기 때문이다. 그러나 기본적으로 '휴머니즘적'인 성격은 지속적으로 강조되어야 한다. 그것이 여성차별을 없애는 방안들을 실천하는데 더 도움이 되고 궁극적으로 행복한 사회를 만드는 데 효율적으로 작용할 것이라고 생각한다.

---

1   페미니즘+나치의 합성어. 차별적이고 과격한 행동을 하는 급진적 페미니즘을 비판하는 단어
2   소수자 세력에게 불리한 상황을 표현하는 단어.

주변을 둘러보면 솔직히 우리나라 정도면 평등한 나라고 여자들은 어려운 일엔 '아몰랑'[3]이라고 비난하는 남성들도 있다. 마찬가지로 왜 남자가 페미니즘을 하냐며 남자의 페미니즘은 무조건 '맨박스'[4]에 갇힌 '오빠가 허락한 페미니즘'[5]이라고 말하는 여성들도 있다. 남녀는 페미니즘 문제에서 결코 화해할 수 없을까? 이 책은 위 질문에서 시작한다.

---

3   논리 없이 우기는 사람을 비꼬는 인터넷 신조어(아! 몰라!). 여성에 대한 혐오를 담아 쓰이는 일이 여혐단어로 뽑히기도 한다. 이에 대항하여 남자들의 무논리를 '아됐어'로 비꼬기도 한다(아! 됐어!).
4   토니 포터의 책 제목. 사회화를 통해 만들어진 거칠고 권위적인 남성성을 비판하는 단어. '남자는 울지 말아야 해'와 같은 관념이 이에 해당한다.
5   오빠로 대표되는 권위적인 남성이 페미니즘에 대해 이래라, 저래라 하는 것을 비판하는 단어.

차례

1장

페미니즘의 온도

1. 왜 남자들은 페미니즘에
   무관심할까?

저녁 식사에서 페미니즘을 주제로 꺼낸다면

2016년 강남역에서 '여성들로부터 무시를 당해서 범행을 저질렀다며' 불특정 여성을 대상으로 한 살인사건이 벌어진 지 2년이 흘렀다. 그동안 우리 사회에는 여성혐오가 심각한 문제라는 인식이 생겼고 페미니즘에 대한 관심이 높아졌다.

이제 사람들에게 페미니즘이란 단어는 낯선 단어가 아니다. 하지만 페미니즘이 무엇이냐고 물어보면 그 대답은 천차만별이다. 누군가는 남녀차별을 없애고 모두가 인간답게 살기 위한 필수적인 운동으로, 누군가는 여성우월주의로, 폭력일 뿐이라고 대답한다. 하나의 개념에 대해서 이렇게 사람마다 극단적인 해석이 나오기 때문에 페미니즘은 익숙해졌을 뿐 제대로 논하기엔 여전히 까다로운 문제다.

저녁 식사에서 페미니즘이 주제로 나왔다고 생각해보자. 여성차별에 대한 반대를 이야기했다가 남성역차별에 대한 반박을 듣기도 하고, 여성성에 대한 말을 꺼냈다가 차별주의자란 딱지가 붙을 수도 있다. 상대방이 페미니즘에 대해서 어떤 생각을 하고 있는지 알기 전까지는 서로 잘 알고 있는 사이라고 해도 감히 이 주제를 꺼낼 수 없다. 서로 소모적인 언쟁을 하다가 얼굴을 붉히기 십상이기 때문이다. 오해가 심해져 너 워마드냐? 혹은 일베냐? 등의 소리까지 나오면 대화를 넘어 둘 사이의 관계도 사실상 끝났다고 봐도 좋다.

어째서 페미니즘은 이토록 이야기하기 어려운 것일까? 이 질문과 관련하여 남성의 페미니즘 거부감을 이야기하고자 한다.

페미니즘과 성별

최근 들어서 나아지고 있는 추세지만 아직까지도 페미니즘 관련 강연이나 독서모임에 나가면 성비불균형이 심하다. 보통 독서강연이나 독서모임에서 성비불균형은 놀랍지 않은 일이다. 7:3 정도면 꽤 많은 남성들이 참가한 편이다. 그러나 페미니즘이 주제가 되면 그 정도가 더 심해진다. 비율이 아니라 남성 참가자 숫자를 쉽게 셀 수 있을 정도다.

왜 남성들은 페미니즘에 대해서 거부감을 보이는 것일까? 단순히 무관심이라면 자신의 문제가 아니라고 생각하는 것이라고 여길 테지만, 여혐에 가까운 거부감을 발견할 때면 당혹스럽기도 하다.

'페미니즘 자체가 뭘 따지는지 모르겠음' 정도의 반발이라면 그래도 차근차근 이야기를 나눠보고 싶다는 생각이 들지만 '근데 내가 CEO면 여성은 고용 안 해, 여자는 일을 못하거든.'이라고 하더니 '여자들은 왜 그럴까? 군대를 안 갔다 와서 그래'로 끝맺음이 나오면 말문이 막힌다. 대체 남자들은 왜 그럴까?

여러 가지 요인이 복합적으로 작용하겠지만, 가장 큰 문제는 그들이 너무 뜨거운 페미니즘, 정확히는 페미니즘을 성대립의 문제로 가져가는 래디컬 페미니즘만 접했기 때문이라고 생각한다. 페미니즘이라는 하나의 이름표로 포괄하여 이야기하지만, 사실 이 이름표 아래 속해 있는 집단들의 성격은 너무도 상이하다. 당신이 주장하는 페미니즘은 매우 온건하여 성소수자나 남성과의 연대도 꿈을 꾸는 운동일 수도 있고, 혹은 매우 급진적이어서 여성 외에는 배척하고 오로지 여성차별에 대한 반대만 말할 수도 있다.

이와 관련하여 가장 뜨거운 감자는 워마드다. 이들을 두고 가장 진보적인 여성단체다, 공격적인 여성우월집단일 뿐이다, 옳다, 그르다로 편을 나누어 싸우는 일도 왕왕 벌어진다. 이 단체의 옳고 그름을 떠나서 이들이 가지고 있는 파급력은 대단하다. 주변을 둘러보더라도 2~30대들의 뇌에 페미니즘을 검색하면 워마드가 연관 검색어로 나올 정도로 워마드는 페미니즘이란 카테고리에서 슈퍼스타다.

이러한 워마드의 파급력 때문에 많은 사람들이 페미니즘을 공격적이고 남녀분리주의적인 사상이라고 여기게 되었다고 생각한다. 하지만 페미니즘 안에는 여러 갈래가 있다. 보수와 진보, 마르크스주의, 에코주의, 리버럴, 래디컬, 포스트모던 등 다양한 가지가 있고 워마드는 그 중 하나일 뿐이다.

워마드가 극단의 성격을 가지고 있기 때문에 수많은 가지 중 가장 눈에 잘 띌 뿐인데, 뒤에 있는 가지들은 보지 않고 페미니즘은 다 워마드라며 반감을 가지는 사람들을 보면 아쉽다.

 그래서 페미니즘과 워마드의 관계에 대해서 어느 정도 교통정리가 필요하다고 생각한다. 페미니즘의 계보에 대해서 모두 알아야 한다는 말은 아니다. 여성차별을 인지하고 이를 극복하고자 하는 의지가 중요하지 계보와 갈래를 달달 외우는 것이 크게 중요한 것은 아니다. '페미니즘'을 생각할 때 워마드만 떠올리게 되는 상황에 대해서, 이것이 왜 잘못되었는지 설명하기 위해 페미니즘과 워마드의 관계를 알아보자는 것이다.

2. 온도차를 좁히자

다양한 온도가 있는 페미니즘

본격적인 시작에 앞서 먼저 말하고자 한다. 이 책은 진보적 노선의 페미니즘을 반대하지 않지만 타집단의 배척을 일으킬 정도의 과격한 페미니즘은 지양한다. 이러한 의미에서 워마드의 과격한 행동을 반대하는 글이며, 페미니즘이 여성집단만이 아니라 남성, 성소수자들과 연대하는 운동이 되길 주장한다.

당신과 나의 페미니즘은 다를 수 있다. 설령 그렇다고 해도 그것이 우리가 반목할 이유라고 생각하지 않는다. 인종차별에 대해서 온건주의적 노선과, 급진적인 노선이 있을 수 있다. 이 2가지 방식은 차이가 있지만 그렇다고 서로 갈등을 빚어야 하는 것은 아니다. 온건한 페미니즘은 더 많은 집단의 지지를 받을 수 있으나 속도가 느리며 답답한 면이 있다. 반면 급진적인 페미니즘은 더 빠르게 효과를 얻을 수 있지만 극단적인 방법에 사회의 반발을 살 수 있다. 다른 노선을 택하였더라도 서로를 비교하는 과정을 통해 모두에게 더 나은 방법을 찾을 수 있을 것이다. 그러나 당신의 페미니즘이 배타적으로 다른 페미니즘을 인정할 수 없고 공격한다면, 이 또한 비판 받아야 할 것이다.

온도차를 좁혀야 하는 이유

페미니즘에는 다양한 온도가 있다. 서로 다른 운동장에 서 있으면 세상을 바라보는 시선이 다를 수밖에 없다. 어떤 이는 남녀차별이 심한 이 세상에 대해 독한 방법을 강구할 수밖에 없고, 또 다른 이는 이 정도면 살만한 세상이기에 미적지근한 방안을 내놓을 수 있다. 누가 옳은가의 문제를 떠나서 일단 설득의 측면에서 이를 바라보고자 한다.

지난 2년 동안 페미니즘에 대한 관심이 매우 높아졌다. 많은 사람들의 관심을 받을 수 있었던 이유 중 하나는 메갈리아, 워마드와 같은 급진적인 단체들의 활동이었다. 이들은 혐오에 혐오로 대항하는 미러링을 통해 저항하고 남성, 성소수자 배척을 통해 여성연대를 공고히 하였다. 이들의 이런 화끈한 모습에 박수치며 환호하는 사람들도 있었지만 그만큼 반발하는 사람들도 생겨났다. 그들의 과격한 행동에 경악을 금치 못하며 페미니즘에 대한 거부 반응을 보이는 사람들은 안티 페미니즘이란 진영을 탄생시켰다.

이런 식으로 계속 역풍을 맞아서는 페미니즘은 더 이상 성장할 수 없을 것이다. '반대하는 집단의 지지는 필요 없다', '우리끼리의 운동만으로 충분하다'는 태도는 결국 페미니즘을 사회운동이 아닌 이익집단으로 격하시키고 남녀분리주의라는 비판을 받게 하였다.

사람들을 설득하기 위해선 온도차를 좁히고 사회적 담론을 형성해야 한다. 미지근하면 운동의 효과가 없지만 너무 뜨거우면 화상을 입는다. 어렵지만 온도 조절이 필요하다. 페미니즘은 젠더학뿐만 아니라 진화론적/사회학적 관점에서 살펴봐야 한다. 정치, 경제, 문화, 교육 등 사회의 다양한 영역에서 이를 어떻게 전개해야 할지 그 방법도 궁리해야 한다. 너무 뜨거운 열탕에서 벗어나 차분히 문제를 보아야 페미니즘을 보다 넓게 조망할 수 있다.

2장

혜화역 시위와 생물학적 여성

1. 페미니즘의 정체성

혜화역 시위에서 알 수 있는 2가지

불법촬영 편파수사 규탄을 외치며 다음 카페인 '불편한 용기'의 주도로 혜화역에서 시위가 열렸다. 주최 측 추산으로 1차 시위에선 1만2000명이 모였고 4차 시위에선 7만 명이 몰렸을 정도로 많은 사람들의 지지를 얻었다.

이 시위에서 생물학적 여성 외에는 입장을 금한다는 선언이 있었다. 성인 남성은 물론이고 영유아 또한 한남유충[6]이라는 이유로 남자 아이들을 동반한 엄마들마저 집회에 금지시켰다. 이러한 선언은 이 집회가 '생물학적 여성'들에게만 해당

되는 안건을 다루고 있으며, 성소수자나 남성 같은 타집단과의 연계는 시위를 주최하는 단체 측의 목적을 흐릴 수 있다고 판단했기 때문이다. 그렇다면 혜화역 시위의 목적은 무엇인가? 성별에 따른 편파수사에 대한 규탄이고 판결에 대한 비판이다. 이를 통해 2가지를 알 수 있다.

첫째는 이들에게 페미니즘이란 성대립의 문제이다. 불법촬영과 편파수사만이 문제라면 남성과 성소수자의 연대가 무엇이 문제일까? 남성과 성소수자 역시 편파수사에 대한 반대를 할 수 있다. 하지만 편파수사를 한 것이 '남성'이고 편파수사를 당한 것이 '여성'이라는 점에 더 초점을 맞추었기 때문에 여성 외 다른 집단을 배척하고 이를 성대립의 문제로 만들었다. 수사하는 경찰의 성별이 남성이기 때문에 늦장수사를 하였으며 여성의 문제는 여성만이 해결할 수 있다고 본 것이다.

둘째는 이들의 페미니즘이란 이익집단 활동이라는 점이다.

---

6   한남(한국남자)이 될 유충(벌레)이라는 뜻. 한남은 남성을 비하할 때 쓰이는 단어다.

이익집단은 같은 생각과 이해를 가진 구성원들이 모인 단체다. 불법촬영과 편파수사는 성별을 떠나 사회 구성원이라면 모두가 분노해야 할 문제로 비합법적 촬영행위가 없어지고 법집행 또한 공정하게 이루어졌을 때 이는 남녀 모두에게 이익이 된다.

그러나 이들은 '생물학적 여성'이란 조건을 달면서 '불법촬영'과 '편파수사'에 반대하는 것이 아니라 불법촬영과 편파수사를 당한 '여성'에만 분노하는 데 집중하였다. 이들은 모두가 연대할 수 있는 사회운동을 자신들의 조건에 부합하는 구성원만을 위한 활동으로 국한시켰다.

페미니즘의 이익집단화는 모두와 연대하여 해결할 수 있는 문제를 철저하게 집단 이기주의적 활동으로 격하시키는 행위다. 하지만 이익집단화를 택했을 때 얻을 수 있는 장점이 있기 때문에 이들은 페미니즘을 그들만의 잔치로 만들었다.

페미니즘이 이익집단일 때

워마드가 페미니즘을 성대립의 문제로 몰아가고 여성만의 이익집단의 형태로 만들면서 얻은 효과는 상당했다. 이익집단은 다른 어떤 조직들보다 의욕적으로 활동을 할 수 있다. 이익 집단의 반대편에는 휴머니즘이 있다. 휴머니즘은 인본주의로 말 그대로 인류를 위하는 포괄적인 사상이다. 숭고하지만 너무도 포괄적이기 때문에 당장 어떤 일을 해야 하는지 헷갈릴 수도 있다. 원래 너무 좋고 당연한 말은 하나마나 별 차이가 없는 경우가 많다.

따라서 페미니즘은 이익집단의 형태로 가도 좋다. 여성차별에 대한 반대라는 뚜렷한 목적을 가지고 활동을 하는 것이 휴머니즘보다 더욱 효과적일 수 있다. 이 방향의 대표적인 단체가 메갈리아, 워마드다. 이들이 이익집단의 모습을 띤 덕분에 국내에 수많은 페미니즘 단체가 있지만[7] 많은 사람들이 페미니즘이라고 하면 워마드와 메갈리아를 먼저 떠올린다.

이들은 타자와의 연대를 거부한다. 메갈리아의 이름은 메르스와 이갈리아[8]의 합성어다. 2015년 중동호흡기증후군 메르

---

7   페미위키에서 '페미니즘 단체'로 검색을 하면 60여 개가 넘는 단체가 나온다 (https://femiwiki.com/).

8   소설 『이갈리아의 딸들』(게르드 브란튼베르그 지음, 황금가지, 1996)은 남성성과 여성성이 역전된 세상을 그린다.

스가 우리나라에 발병하였고 사망자가 발생하면서 많은 사람들이 불안에 떨었다. 이 때 메르스 갤러리[9]에 메르스를 옮긴 사람이 '여자'라는 여성혐오 글을 퍼졌다. 이에 댓글로 남성과 여성들이 서로를 혐오하는 난장판이 벌어졌다.

여기에서 설전을 벌였던 여성들을 주축으로 만들어진 사이트가 '메갈리아'다. 이들은 주로 여성을 혐오하는 일베[10]라는 극단적인 사이트와 대립하였고 한남, 6·9[11] 등 남성혐오를 생산하였다. 메갈리아는 내분으로 인해 워마드로 분리되었고 2017년에 사이트가 폐쇄되었다.

워마드는 메갈리아 운영자가 '똥꼬충'과 같이 성소수자를 비하하는 용어를 금지시켰고, 이에 대해 유저들이 메갈리아를 탈퇴하고 새롭게 만든 사이트다. 워마드는 운동권의 결합

---

9   디시인사이드(디씨)는 커뮤니티 사이트로 유저들이 관심 갖는 분야에 '갤러리'를 만들어 정보를 공유한다.

10   일간베스트. 원래는 디씨에서 전날 인기가 좋았던 글들을 '일간 베스트 게시물'이란 목록으로 줬었고, 이들을 모아두는 사이트가 일베저장소였다. 점차 일베의 수위성, 폭력성, 모독성이 높아져 문제가 되면서 디씨에서 일베 목록을 없애고 일베가 독립적으로 갈라져 나왔다.

11   한국 남성 성기의 발기 전후의 평균 크기라는 뜻으로 남성을 비하할 때 사용한다.

을 거부하며 '꾄충'[12]이라고 비꼬고, 여성이 아닌 성소수자를 옹호하는 페미니즘은 '스까페미'[13]라고 반대한다.

이러한 배척성은 타자가 보기에 편협하고 부정적으로 보이지만 그들만의 동력을 키우기엔 효율적이었다. 오죽하면 한국여성재단[14]의 경우 2016여성회의라는 행사를 통해 메갈리아를 한국 페미니즘 운동의 새로운 변화의 축으로 인정했을 정도이다. 전국 150여 명의 활동가가 모인 이 자리에서 그들은 메갈리아를 가장 동시대적이며 가장 솔직한 여성주의 운동을 펼치고 있다고 평하며 이들을 3세대 페미니스트로 분류하였다.

하지만, 우리는 이익집단의 부정적 기능도 생각해야 한다. 이익집단이 자신들의 이득만 강조하다 공익과 충돌하게 될 경우 전체 사회에 혼란을 야기할 수도 있다. 워마드의 지난 활

---

12 운동'권'+충.
13 '섞어'의 방언인 '스까'와 페미니즘의 합성어로 여성해방을 위한 운동에 성소수자 문제 등 다른 논제를 가져오는 것에 대한 비판이 담긴 말. 성소수자 외에도 노동. 계급 등 여성 이외의 문제를 가져오는 페미를 모두 스까페미로 칭한다.
14 여성을 위한 민간공익재단.(http://womenfund.or.kr)

동을 보자. 6·25참전용사를 '육방패', '대한민국 고기파티' 등으로 비하하고, 구의역 스크린도어 정비업체 직원이 사망했을 때도 남자라는 이유로 '구의역 자지 탈조선했다' 등의 모욕을 하였거나, 평택 아동암매장 살인사건 피해자 역시 남자 아이라는 이유로 비하, 남자아이를 낙태한 것을 '한남유충', '기생충'을 없앴다며 인증하였다.

페미니즘이 이익집단의 형태를 띠거나, 급진적인 운동을 지향하는 것은 잘못이 아니다. 여성끼리의 연대도, 혐오에 강하게 반발하는 것도 옳다. 하지만 이들의 경우 그 정도를 넘어섰다. 이것은 타집단을 배척하고 자기들끼리의 페미니즘을 주장하기 때문이다. 타집단을 배척하게 되면 집단 내에서 의견 개진이 쉬워진다. 같은 생각을 가진 사람들만 모였으니 모든 활동이 일사천리로 진행될 터이다. 하지만 외부 시선이 없는 단체는 자기검열 없이 집단 내 의견을 재생산하여 잘못된 확증편향만 낳기 쉽다. 심지어 집단구성원들이 다 극단적인 사람들일 경우 잘못의 극을 달릴 수밖에 없다. 그런데 페미니즘 단체들은 워마드를 긍정하고, 또한 래디컬 페미니즘을 표방하는 페미니즘 서적들이 점차 많아지고 있다.

페미니즘 단체가 워마드 반대성명을 해야 하는 이유

지금 워마드와 같은 단체가 어떠한 성격을 가졌는지 정리해 보자.

(1) 페미니즘을 성대립의 문제로 만들고 있다.

(2) 이익집단의 모습을 보이고 있다.

페미니즘은 성대립이 될 수도, 이익집단으로 가도 좋다. 차별을 없앨 수만 있다면 그것이 그 또한 하나의 방안이 될 수 있다. 하지만 지금 워마드가 하는 행동들은 사회적으로 차별을 없애고 있지 않다. 오히려 남성혐오의 남발로 페미니즘에 대한 역풍마저 불고 있다. 워마드는 자신들이 주장하는 페미니즘 외에는 옳지 않다고 주장한다. 그들은 휴머니즘 역시 huMANism이라고 비꼰다. 하지만 도대체 그들이 주장하는 급진적 페미니즘이 무엇인가? 현실적으로 지난 2년 동안 워마드가 여성인권 중 무엇에 도움을 주었는가?

이익집단의 노선을 택해도 된다. 다만 그것이 공익을 훼손하는 방향으로 운동을 진행하면 안 된다. 하지만 워마드는 남성집단의 배척으로 남녀분리주의를 만들었고, 과격한 언행 때문에 외부의 지지를 받지 못하였고, 페미니즘에 대한 잘못된 오해와 반발을 사게 하였다.

그들이 우리 사회에 가장 많이 남긴 것은 남성혐오와 사회 갈등 그리고 페미니즘에 대한 혐오감이다. 그런데 페미니즘을 지향하는 단체들이 모인 여성회의에서 그들을 인정하는 발언을 했다니 의외일 따름이다.

이들의 행동은 차별 극복에 도움이 되지 않는다. 또 다른 혐오와 갈등만을 낳을 뿐인데 왜 같은 페미니즘 단체에 귀속시킬까? 따라서 페미니즘 단체들이 워마드를 부정하라는 요구는 그들의 목적이 폭력이 아닌 차별 해소라는 것을 밝혀달라는 것, 즉, '정체성 확인'에 대한 요구이다.

페미니즘 단체들은 하루빨리 워마드에 대해 반대성명을 해야 한다. 페미니즘과 워마드는 쉽게 구분하기 어렵다. 도대체 그 둘의 경계를 누가, 어떻게 정할 것인가? 앞서 말했지만 강남역 살인사건 이후 페미니즘은 재조명을 받으며 빠르고 크게 확대되었다. 페미니즘의 온도는 매우 다양하지만 언론에서 가장 쉽게 접하는 단체는 워마드였다. 최근 페미니즘하면 거부감을 느끼는 많은 사람들이 워마드를 통해서 페미니즘을 접하기 때문이라 생각한다. 자칫 잘못하다간 많은 사람들이 '페미니즘=워마드'로 생각하게 되고, 워마드를 포용하려다 페미니즘 전체를 놓칠 수가 있다.

여성에게 불리한 기울어진 운동장을 인식하면 페미니즘이 이익집단의 모습을 가지는 것도 이해한다. 지금 당장의 현실이 어렵기 때문에 적극적으로 집단의 이익을 추구해야 한다. 그러나 휴머니즘적인 성격을 가졌을 때 페미니즘이 얻을 수 있는 효과가 크다. 다음 장에서 살피겠지만 그것이 속도가 느리더라도 운동이 꾸준하고 오래갈 수 있는 방안이다.

2. 워마드 반대 이유 :
(1) 성대립

페미니즘은 성대립의 문제인가?

워마드는 페미니즘을 성대립의 문제로 몰아가지만 페미니즘은 성대립의 문제로 가면 안 된다. 페미니즘을 성대립의 문제로 몰아가는 행위는 문제가 있는 대처방안으로 차별 철폐에 도움이 되지 않는다.

하지만 페미니즘은 성대립의 문제로 보이기 쉽다. 페미니즘은 여성들에 대한 차별을 없애기 위한 운동으로 차별적인 행동을 하는 사람들 중엔 남성들이 많았기 때문이다. 그러나 조금만 생각해보면 이를 여성과 남성의 대결로 상정하는 것은 근시안적이라는 걸 알 수 있다.

페미니즘이 성대립의 문제로 가려면 억압받는 여성 집단과 그로 인해 이득을 보는 남성 집단 사이에 상관관계가 뚜렷해야 하고, 한 쪽의 이득은 다른 쪽의 손해가 되어야 한다.

그렇다면 워마드의 전략은 옳다. 남성비하 단어를 통해서 집단 내 소속감과 우월감을 높이고, 남성몰카와 같이 불특정 다수를 향한 테러로 커뮤니티의 존재를 사방에 알려야 한다. 공격해야 할 적이 있고 상대적으로 아군의 세력이 약하다면 테러집단의 형태를 띠는 것이 효율적이다.

하지만 자신의 지위나 사회적 권력을 이용하여 여성에게 추근대는 남성 몇몇을 반대한다고 남성집단에 피해가 가지 않는다. 여성차별을 하는 남성들이 많은 것도 사실이지만, 그들이 남성을 대표하는 것은 아니다. 모든 남성이 범죄자가 아닌 이상 여성인권 향상은 남성집단에 피해가 되지 않는다.

그렇기 때문에 남성도 페미니즘을 할 수 있다. 잘못된 차별에 반대하는 것이 공익에 증진이 되기 때문이다. 마찬가지로 직업을 선택할 때 성별에 대한 차별을 없애는 것은, 그 자리에 더 적합한 사람들에게 기회를 주면서 사회 성장가능성을 높이는 일이다. 이것은 여성 집단만이 아니라 사회 전체에 이득이 되는 일이다.

따라서 페미니즘을 성대립의 문제로 다루는 것은 이 운동의 잠재성을 제한시키는 일이다. 페미니즘은 성대립이라는 패러다임에서 벗어났을 때 더 성장할 수 있다. 페미니즘은 여성에게만 도움이 되는 것이 아니라 우리 사회 전체에 이득을 준다는 것을 주장하여 보다 많은 사람들을 설득해야 한다.

여성의 단발, 남성의 양산

페미니즘은 성대립의 문제가 아니라 가치문제로 다루어야한다. 모든 사회적 쟁점은 사실문제와 가치문제로 이루어져있다. 사실문제는 참과 거짓의 검증을 다루며 가치문제는 당위성을 살펴보는 문제이다.

동물보호 문제를 예로 들어보자. 아마존의 밀림이 매년 얼마나 없어지는지, 매년 희귀 동물이 얼마나 멸종되는지는 객관적으로 추산할 수 있는 사실문제다. 이러한 사실을 바탕으로 사람들에게 희귀동물을 보호해야 한다고 주장하는 것은 가치문제다. 가치문제는 주장하는 방향에 따라서 '다양한 생태계 보존이 중요하기 때문에'와 같은 주관적인 기준을 사용해 사람들을 설득한다.

가치문제는 사회구성원들이 어떠한 가치에 더 관심을 가지고 있는지에 따라서 문제 해결의 방안이 결정된다. 자유민주주의 사회에서 가치지향은 사회구성원들이 스스로 생각하고 선택하는 것이다. 사회구성원의 동의 없이 가치를 강요하는 사회는 군부독재 사회와 같은 억압된 사회다.

따라서 페미니즘을 가치지향의 문제로 본다면 우리 사회에 있는 성차별적인 문제점을 찾아서 그 문제점을 분석하고(사실문제), 사회구성원들에게 이러이러한 기준에 의해 무엇이 잘못되었는지 설득해야 한다(가치문제).

하지만 성대립의 페미니즘은 남자를 적으로 상정하기 때문에 문제에 대한 올바른 해결이 어렵다. 무엇이 문제인지 사실문제를 살피지 않으며, 뚜렷한 기준과 방향성을 가지고 가치문제를 해결하려고 하지 않기 때문이다.

애초부터 문제 지적에 잘못이 내포되어 있으니 이들이 생산하는 메시지도 오류일 가능성이 높다. 예컨대 남성이 양산을 쓸 자유를 여성이 제한한다고 말하는 식이다. 다음 문장을 보자.

남성이 여성의 단발머리를 금지시켰다.

단순하고 자극적이다. 남성이 여성에게 장발만을 강압하고 있었다니. 속으로 한 번 읽었을 뿐인데 분노가 치민다. 이제 다음 문장을 보자.

여성이 남성의 양산 사용을 금지시켰다.

2018년은 유난히 더웠다. 여름에 여성은 양산을 자유롭게 사용하지만 남성들은 양산을 사용하지 않는다. 그렇다면 이 것은 여성의 음모가 아닐까? 이에 대해서 남성들이 혜화역에 서 모여서 "양산 사용 찬성! 여자들이 싫다!"라고 외친다고 생각해보자. 이상하다. 공대생의 체크남방 선호와 여성의 남 성혐오 간의 상관계수만큼 이상한 소리다. 이렇게 이상한 문 장들을 얼마든지 만들 수 있다.

남성이 여성에게 꽉 끼는 속옷을 입게 만들었다.
여성이 남성의 장화 사용을 금했다.
남성이 여성의 교복을 짧게 만들었다.
여성이 남성의 치마를 금했다.

문제는 이렇게 이상한 문장들이 인터넷에선 몇 가지 양념을 더해서 마치 맞는 이야기고, 심지어는 진보적인 지식인의 메시지처럼 둔갑된다. 아래 예시를 보자.

남성이 단발을 하는 것은 그것이 편하기 때문이다. 머리 길이와 권력은 반비례한다. 단발이 나쁘다면 그들이 했을 리가 없다. 따라서 우리는 우리에게 주어진 장발이란 구시대적 코르셋을 거부한다. 우리는 단발을 통해 탈코르셋할 것이다. 우리에겐 단발을 할 권리가 있다.

상당히 놀랍다. 부분적으로 맞는 말과 틀린 말을 섞어 남녀 갈등을 조장하고 있다. 심지어 이런 말을 하는 사람은 꽤나 전문가처럼 보이게 만드니 어서 빨리 나도 '좋아요'를 누르고 '퍼가요' 해서 페미니즘에 동참하고 싶게 만든다.

잠시만 천천히 생각해보자. 저 문장은 결론에 가서 '단발을 할 권리가 있다'라는 맞는 주장을 하고 있기 때문에 문장 전체가 올바르게 보일 수 있다. 이 문장은 남성이란 '적'이 있다면 전체가 맞는 주장이 되기 때문에 저런 주장을 하는 글쓴이가 어떠한 생각을 하는지 어렵지 않게 추론할 수 있다.

그러나 여자가 단발을, 남자가 양산 사용을 꺼리는 것은 남녀가 서로 적이기 때문이 아니다. 그것은 무의식적으로 받아들이고 있는 사회적 관습의 문제이다. 필자는 대학 때 뮤지컬을 하면서 치마를 입어본 적이 있다. 놀라워라. 아랫도리가 그렇게 편할 수 없다. 실제로 남성들이 입는 삼각팬티의 경우 꽉 낄수록 정자 생산을 자극하는 모낭−자극 호르몬 수치가 낮아져서 좋지 않다. 통풍이 잘 되는 사각 팬티가 좋은 법이다.

그러나 어렸을 때 사각 팬티를 입던 남성들도 나이가 들고 성인이 되면 꽉 끼는 팬티를 입는다. '남성팬티'로 검색을 해보면 네이버쇼핑 상위 랭킹 10개가 모두 꽉 끼는 팬티다.[15] 그들의 말대로 남성이 편리한 것을 독점하는 권력집단으로 단발머리를 독점했다면 꽉 끼는 팬티는 말도 안 된다. 더운 여름에 양산을 쓰지 않고 비오는 날에 장화를 신지 않는다는 것 또한 말도 안 된다.

우리 사회는 각 성별로 일반적인 관습이 있고 남녀의 이러한 관습은 상대성별이 만들지 않았다. 남성들이 여름에 양산을 쓰지 못한다고 여성에게 분노하는 것은 정상적으로 보이

---

15   2018년 12월 2일 기준.

지 않는다. 여성에게 무슨 잘못이 있을까? 남성이 양산을 사용하려고 했을 때 그것을 이상하게 생각하도록 만드는 '관습'이 문제다.

성별에 따라 '남자답게', '여자답게'라는 관습이 생기는 까닭은 4장에서 알아볼 것이며 이를 반대하여 불합리한 관습에서 벗어나고자 할 것이다. 남성이 양산을 들지 못하는 것과 여성의 단발에서 남녀가 서로를 혐오할 이유는 없다. 오히려 문제의 원인을 차근차근 살피고 해결책을 찾아야 한다. 하지만 성대립의 페미니즘은 무작정 성별을 문제의 원인으로 돌리고 시작하고 있으니 문제가 해결될 리 없다.

주의해야 할 점은 인터넷에서 떠도는 주장에는 많은 오류들이 그럴싸하게 포장되어 마치 그것이 객관적이고 사실인 것처럼 떠돌고 있다는 점이다. 양산이 여성의 권력을 상징하지 않듯, 단발이 남성의 권력을 상징하지 않는다. 하지만 '여성들은 단발을 할 권리가 있다.'는 주장은 옳다. 우리 사회는 특정 성별에 맞춤형 성격과 행동, 머리 스타일이 있는 것 마냥 강요하는 관습이 있다. 이러한 점은 우리가 고쳐나가야 하는 부분으로 우리 모두는 각자의 개성에 따라 머리 스타일을 자유롭게 할 수 있다.

워마드는 불편하지만 페미니즘은 해야 해

결국 앞 장에서 예시로 본 문장은 마지막 '단발을 할 권리가 있다' 말고는 틀린 주장이다. 하지만 수능언어영역 문제풀이를 할 때도 가장 중요한 문장은 맨 마지막 주장 문장이라고 한다. 명백하게 주장이 옳으니 단발과 권력에 관한 말들도 얼추 맞는 말처럼 들린다.

페미니즘 문제는 민감하게 다루어야 한다. 자극적인 메시지가 생산되고 옳은 주장과 맞지 않는 주장들이 뒤섞여 대중에게 전파된다. 어디까지, 왜 틀렸는지 알지 못하면 선동되기가 너무 쉽다. 게다가 인터넷은 무비판적으로 수용을 하는 사람들에 의해 잘못된 메시지가 재생산되기 너무 쉬운 공간이다. 현대는 SNS 등 웹을 통한 의견 개진과 공유가 활발해진 시대다. 네이버, 카카오, 각종 인터넷뉴스, 수많은 웹커뮤니티들의 글 등등 우리는 스마트폰을 통해 수많은 '짧은 글'을 접한다. 더욱이 자극적인 키워드일수록 조회수도 높다. 다음은 인터넷에 올라온 'ㅠㅠ'를 쓰지 말자는 글이다.

　　남자놈들은 여성들이 순해보이길 바람 너넬위해 유약
　　함이 녹아있는 워딩 쓰기싫다 ㅠㅠ쓰지 말자

언어와 권력을 연관시킨 접근은 좋다. 조선시대 사대부들이 한문을 사용하고 한글을 언문이라 낮춰 불렀던 바탕에는 중화사상과 양반이란 계급에 대한 특권의식이 있다. 이처럼 특정 집단이 향유하는 단어들을 통해 그 집단의 사상을 알아볼 수 있다.

예를 들어 바람피우는 남성은 '능력자'라 부르고, 바람피우는 여성에겐 '걸레'라고 부르는 사람들은 여성에게만 일방적으로 순결을 강요하는 가치관이 있을 것이며 성을 오로지 남성들만 누릴 수 있는 권력으로 인지하고 있을 것이다. 이런 언어 권력에 대해서 비판하고 남성과 여성에 대한 그릇된 관념을 없애야 한다.

하지만 ㅠㅠ의 사용을 보자. ㅠㅠ의 사용과 젠더권력을 연관시키기 위해선 적어도 남초 사이트와 여초 사이트의 댓글을 분석하여 ㅠㅠ의 빈도를 살펴보거나 여성의 ㅠㅠ 사용 빈도가 증가할수록 남성들의 반응이 어떻게 달라지는지 살펴봐야 한다. 그러한 문제 지적이 없이 그저 남자놈들이 여성을 순해 보이길 바란다는 주장은 남성혐오다.

이처럼 간단한 언어습관조차 적으로서 남성들을 규정하고 남성에 대한 반발로 사용하자고 주장해야 한다는 글이 많다.

그리고 이런 글들의 댓글들을 보면 '오 맞는 말!!', '습관인데 고쳐야지' 등등으로 긍정을 표하는 사람들이 목격된다.

이런 사례를 보면 아직 판단력이 약한 어린 학생들이 무비판적으로 수용하지 않을까 걱정된다. 이들이 보기에는 마치 이런 글들이 전문가의 매우 지적인 글로 보이며(머리 길이와 젠더 권력 간의 관계가 있었어? 내 워딩에 태도가 숨어 있었어?) 이런 글에 '좋아요'를 누르는 자신이 진취적인 사람이 된 것 같은 환상을 준다(#여성인권향상 #우리는할수있다).

앞서 말한 대로 페미니즘 문제에서 많은 잘못이 남성에게 있는 것은 사실이다. 또한 공격적이고 자극적인 메시지는 널리 퍼지기 좋다. 하지만 당신이 원하는 것이 분노인가? 분노가 아니라 이 사회의 차별을 없애기 위해 페미니즘을 한다면 우리는 진짜로 차별을 만드는 부분을 없애야 한다. 남성이 꽉 끼는 팬티 때문에 여성을 공격할 이유가 과연 있을까? 마찬가지로 여성의 단발 역시 남성을 공격할 이유가 전혀 없다.

페미니즘을 성대립으로 몰고 가는 그들

워마드는 남성과 성소수자, 운동권의 참여가 페미니즘 목적을 흐린다고 했지만 오히려 그들이 여성해방이란 대주제에 관심이 없는 듯하다.

워마드 사이트에 가면 '문재인 회찬해'라는 정치 구호를 볼 수 있다. '회찬해'는 자살로 삶을 마감한 '노회찬'을 비꼬는 말로 '문재인 회찬해'라는 구호는 '남성' 대통령인 문재인 대통령에 대해서 자살이나 하라는 말이다.

노회찬 국회의원은 살아생전 문재인 대통령의 자녀에게 '82년생 김지영'을 선물한 분이다. 하지만 남성이기 때문에 그들에게 욕을 먹는다. 마찬가지로 '여성' 대통령 박근혜에 대해서는 '여성이기 때문에' 찬양하는 글 또한 찾아볼 수 있다.

페미니즘과 정치는 올바른 접근이다. 만약 그들의 구호가 박근혜는 이러이러해서 옳고 문재인은 이러이러해서 옳지 않다로 접근했다면, 그들의 생각이 설사 나와 다르더라도, 틀리게 보지는 않았을 것이다. 하지만 단순하게 성별 때문에 누구를 지지하고, 반대하는 행동이 실제로 벌어지고 있다. 이렇기 때문에 성대립으로 몰아가는 그들의 페미니즘은 (다른 것이 아니라) 틀린 것이다.

그들의 행동은 둘 중 하나다. 정말로 남성 대통령인 문재인은 회찬하고 박근혜는 갓근혜가 되는 것이 여성차별을 없애는 데 도움이 된다고 생각하거나, 혹은 성대립으로 분노하고 혐오하는 것은 중요하지만 여성차별을 없애는 데 그다지 큰 관심이 없다는 것이다.

마틴 루터 킹 목사는 인종차별을 없애기 위해 백인을 혐오하는 대신 차별에 반대했다. 혐오에서 눈을 돌릴 때, 페미니즘은 한층 더 성장할 것이다.

3. 워마드 반대 이유 :
(2) 이익집단

페미니즘이 휴머니즘을 배척하는 이유

워마드는 페미니즘을 이익집단의 문제로 과도하게 몰아간
다. 앞서 페미니즘은 성대립의 문제가 아니라고 했지만 실제
로 여성집단과 남성집단의 갈등이 생기기 쉬운 문제다. 차별
을 받아온 다수가 여성이고, 차별을 자행한 다수가 남성이기
때문이다. 그래서 여성끼리의 연대는 중요하다. 공통의 문제가
있을 때 서로 공감해주는 집단의 지지는 중요한 법이다.

그렇기 때문에 페미니즘 운동에서 이익집단의 모습을 포기

하는 것은 효율적인 움직임을 포기하는 것처럼 느껴질 수 있다. 휴머니즘 노선을 타서 남성들/운동권/성소수자들이 유입되면 여성들만의 끈끈함이 저해될 것 같은 느낌도 받을 수 있다. 워마드에 대해서 반대성명을 내는 것 역시 같은 '여성동지'를 탄압하는 듯한 느낌을 받을 수도 있다.

이는 당연한 일이다. 환경단체든, 인권단체든, 가장 진보적인 세력은 모난 돌이면서 동시에 가장 추진력이 강한 집단이다. 워마드를 포기하는 것이 자칫 페미니즘의 원동력을 잃을 수 있다고 생각할 수 있다. 하지만 사회 구성원 모두의 공감을 얻지 못하고 여성 집단만이 인정한 페미니즘으로는 우리 사회를 새롭게 만들기란 불가능하며, 그런 사회가 되어서는 안 된다.

폭력과 해결의 차이

한 번 상상해보자. 혜화역 시위에서 생물학적인 여성만 시위를 할 수 있다고 선언을 했다. 이 시위 집단이 득세한 사회는, 여성이 성소수자와 남성을 억압하는 사회가 될 것이라고 생각할 수밖에 없다. 페미니즘이 이익집단의 모습을 계속해서 띠고 있는 이상, 이는 집단 간의 갈등만 야기하고 있다.

여기 '가'와 '나' 집단이 있다. '가' 집단은 다른 집단의 문제 해결은 상관없이 당신이 차별을 받는 것에만 반대를 한다, 반면 '나' 집단은 당신이 받는 차별도, 다른 집단의 차별도 없애려고 노력하고 있다. 당연히 '가' 집단의 문제 해결이 더 빠를 것 같다. 하지만 이 사회는 혼자 사는 세상이 아니다. 이 세상엔 가, 나, 다, 라 등 수많은 집단이 함께 하고 있다. 그렇다면 과연 이 사회의 상당수가 어떤 집단을 더 지지할까?

여성이란 성별 집단을 넘어서 다른 집단 간의 연대를 이루지 못하면 결국 페미니즘은 그들만의 잔치다. 다수가 인정하지 않은 갈등해소란 결국 반대쪽의 의견을 묵살한 폭력일 뿐이다. 페미니즘이 워마드를 포기하고 모두와 연대하는 것은 더 큰 이득이 있을 것이다. 페미니즘은 선택을 해야 한다. 분노를 억누르고 모두와 연대할 것인가, 아니면 고립될 것인가? 워마드에 대한 반대서명은 같은 여성동지를 잃는 행동이 아니다. 더 많은 사람들에게 공감을 얻을 수 있는, 앞으로 나아갈 길이다.

이러한 주장이 남성의 입에서 나왔기 때문에 배부른 소리라고 할지도 모른다. 혜화역 시위를 보면 '생물학적 여성'만을 인정하고 있다. 그들에게 '여성'이란 염색체로 결정되는 성별이 아니라 차별에서 만들어진 성별이기 때문이다.

그들이 말하는 '여성'이 탄생에서는 남아선호 사상과, 직장에서는 유리장벽과, 결혼에서는 좋은 아내와 착한 며느리라는 이름표와 갈등을 겪으면서 고통으로 만들어진 성별이기 때문에 그들에게 트랜스젠더란 여성이 아닌 것이다. 남자의 몸으로 태어난 그들은 일반적인 여성과 '같은' 차별은 받아보지 않았기 때문에 '같은 여성'으로 인정되지 않는 것이다.

이들의 말대로 한국사회에서 여성은 차별받아온 존재들이다. 그렇기 때문에 그들이 트랜스젠더를 여성으로 포용하지 못하는 것도 머리로는 이해한다. 하지만 다시 한 번만 생각해 보자. 타인의 아픔에 공감하지 못하면서 그들의 아픔만을 주장하는 시위는 많은 사람들의 지지를 얻을 수 없다. 트랜스젠더들은 보통의 여성들이 받는 차별은 받지 않았지만 그보다 더 심한 차별과 편견에 노출된 사람들이다. 일반적이지 않은 성 정체성에 혼란스러워하고 사회가 가진 편견 때문에 고립된 외로움을 느낀다. 그들의 높은 자살률에는 공감하지 못하면서 '여성이 당한 차별'에만 신경 써 달라는 외침에는 설득력이 없어 보인다.

최근 페미니즘은 단기간에 급속도로 팽창했다. 급격하게 양이 커진 만큼 그 과정에서 문제가 생길 수밖에 없다. 페미니즘이 아닌 것이 페미니즘으로 둔갑하여 목적을 흐리니 멀쩡한 페미니즘에 대해서도 반감마저 생기고 있다. 때문에 이러한 점을 스스로 자정하는 과정이 필요하다고 말하고 싶다.

페미니즘이 워마드를 포기하는 것은 스스로 자정작용을 하는 계기가 될 것이다. 자정작용을 통해 양적, 질적 성장을 한다면 자연스럽게 타집단의 옹호도 커질 것이다. 타집단의 옹호가 필요하다고 해서 여성집단만의 해결이 불가능하다는 주장은 아니다. 이는 페미니즘이 독단에 빠지지 않기 위한 필수적인 단계이다. 여성만을 위한 사회가 아니라 모두가 살기 좋은 사회를 만들기 위한 과정이다. 또한 남자를 위해 고개를 숙이자는 주장도 아니다. 잘못된 남자들을 고쳐주기에 더 효과적인 수단을 쓰자는 것이다. 나그네의 옷을 벗기는 것은 바람이 아니라 태양이다.

3장

페미니즘과 유사페미니즘

1. 유행이 된 페미니즘

당당하게 '나 워마드야!'를 외치는 사람들

페미니즘 독서모임에서 만난 사람이 있었다. 진보적인 여성으로 일베와 워마드에 극렬히 반대하던 분인데, 시간이 지나니 워마드에 동조하는 모습을 보였었다. 기울어진 운동장을 해결하기 위해선 보다 거칠어질 필요가 있다는 점에서였다.

명문여대를 나와 전문직에 종사하고 있는 한 친구는 워마드가 잘못된 건 알지만 그들은 일부이기 때문에 큰 문제가 아니라고 말한다. 오히려 워마드는 스스로를 방패로 자처해 페미니즘 논의가 활발하게 이루어지게 한다고 주장한다.

자신이 진보적이고 지식계층이라 칭하는 이들 중에서 워마드를 지지한다고 말하는 사람들을 볼 때면 당황스럽다. 정말 이들이 워마드를 정확히 알고, 자신들의 지지가 페미니즘에 어떠한 영향을 끼치는지 정확히 알고 있는 것일까?

이들은 워마드가 아닌, 워마드가 만들어내는 이미지를 소비하고 있다고 생각한다. 앞서 이야기했지만 워마드가 급진적 노선과 이익집단의 모습을 택하는 것에는 문제가 없다. 그것이 선을 넘어 공익을 침범하면서 문제가 발생하는 것이다. 그러한 침범 또한 필요악으로 보며 폭력이 수단이라고 생각하는 뜻에서 워마드를 지지한다면 또 모르겠다. 하지만 워마드에 동조하는 사람들 중 몇몇은 그들의 전체를 본 적도 없으면서 지지를 표하는 것처럼 보인다. 그들은 일부만 보고 워마드를 지지함으로써 자신이 혁신적이고 진보적인 사람이라는 착각에 빠지는 듯하다. 이에 대해 최근 페미니즘이 시장에서 소비되면서 폐단이 생겼다고 생각한다.

시장과 결합이 되면 원래 가지고 있던 속성과 다르게 자본의 논리로 변질되기 마련이다. 페미니즘 역시 마찬가지다. 최근 2년 동안 페미니즘 붐이라고 할 정도로 관심이 높아지고 있다. 페미니즘 관련 대중서가 많이 출간되고 있으며 목걸이와 반지 등 페미니즘 굿즈들이 판매되고 있다. 페미니즘은 돈이 된다는 말이 있다. 이제 페미니즘은 그 본질에서 벗어나 상업적 속성을 띄게 되었고 수많은 지식 장사치들이 이 시장에 달려들어 유사 페미니즘까지 나타나고 있다.

페미니즘 굿즈

페미니즘 굿즈는 좋은 아이디어다. 페미니즘 같은 사상은 눈으로 가시화하기가 쉽지 않다. 그래서 물리적인 상품을 만들어 가시화하는 행동은 자기 자신을 표현하는 일이고 다른 사람들에게 자신이 지지하는 운동에 관심을 야기하는 일이기도 하다. 그러나 무작정 GCDA(Girls Can Do Anything)가 적혀있는 휴대폰케이스를 사는 것이 페미니즘은 아니다. 다음은 한 블로그에서 GCDA 목걸이를 판매하는 글이다.

GCDA가 무슨 문제일까 네이버로 검색… 오잉? 바로 나오는 'GCDA 메갈' 호잇?… 정말 편한 말 아닙니까, 사람의 모든 행동을 부정적으로 만들어 버릴 수 있는 마법

의 단어!! … 페미니즘이 불편한가요? '화냥녀', '김치녀'에
는 하하 호호 방관했다면 '남혐', '메갈'에도 방관해주시길
… 엄마라면 할 수 있다는 좋고 여자라면 할 수 있다엔 불
편합니까? … 이렇게까지 얘기해도 잘 모르시겠으면 그냥
지능 탓하세염… 어쩌겠어 하드웨어가 따라오지를 못하는
걸 이래서 지능순… 지능순합니다 ^_^

메갈이 왜 불편하냐는 글머리로 시작하여 GCDA 목걸이
를 광고하는 이 글은 놀랍다. 그 사람의 말대로 내가 지능이
딸리는 사람이라서 그런지 그 사람이 생각하는 페미니즘이
무엇인지 알 수 없었다. 다만, 하나는 알 수 있었다. 이 사람은
정말 놀라운 장사치다. '그럴듯한 말'과 '감정적으로 만드는
말'을 섞어 소비자를 충동해서 페미니즘을 팔고 있다.

'화냥녀'와 '김치녀'는 여성에 대한 차별과 혐오가 들어있는
단어다. 이러한 단어들의 사용은 금해야 하는 것은 당연한 상
식이다. 하지만 이 당연한 주장을 밑바닥 삼아 '방관하지 않
는 사람=페미니즘=메갈'이란 프레임을 만들고 있다. 앞서 이
야기했지만 모든 페미니즘이 메갈처럼 급진적인 것은 아니다.
화냥녀와 김치녀란 단어의 사용과 동시에 메갈의 혐오에도

반대하는 페미니즘도 있다.

이들은 페미니즘 굿즈를 판매하고 있지만 이들의 주장이 도대체 어떠한 페미니즘인지 설명도 없다. 그저 인스타에 공유하기 좋은 "엄마는 무엇이든 할 수 있다? 여자는 무엇이든 할 수 있다!"와 같은 문구 몇 개만 적혀 있을 뿐이다. 그 뒤 몇 가지 단어들을 사용해 자신들에 동조하는 않는 사람들을 '방관'하는 사람으로 치부하고 자신들의 페미니즘은 '모르면 지능이 딸림'이란 문구로 마무리를 한다. 이 목걸이가 페미니즘 굿즈로 포장하여 팔리는 걸 보니 이들의 장사수완 하나만큼은 감탄하지 않을 수 없다.

페미니즘 굿즈 자체는 반대하지 않는다. 다만 적어도 판매자가 무슨 생각을 하면서 이런 굿즈를 판매하고, 이 굿즈를 소비하는 행위가 페미니즘에 어떤 도움이 되는지는 알았으면 좋겠다. 그렇지 않으면 페미니즘은 유행일 뿐이고, 인스타에 올리기 좋은 사진이고, 수많은 액세서리들처럼 소비재로 전락한다. 잘못하면 페미니즘 굿즈를 사면서 코르셋을 죄는 사이트에 돈을 기부하는 웃긴 꼴도 벌어질 수 있다. 자선단체에 들어가는 돈에 대해서 투명성을 따져봐야 하는 것처럼 페미니즘 굿즈 또한 마찬가지다.

페미니즘 도서

페미니즘 굿즈 못지않게 수많은 대중서들 역시 비판적으로 접근해야 한다. 어려운 책 읽기를 지양하고 쉬운 책 읽기를 위해서 대중서가 많이 등장하고 있다. 읽기 편한 대중서들은 지식을 특정 계층의 소유물로 만들지 않고 수많은 사람들에게 퍼질 수 있도록 한다.

페미니즘 또한 어려워선 안 된다. 잘못된 현상에 대해서 말하는 것은 어려운 일이다. 무엇이 잘못되었는지 자각하는 것도 어렵고, 다른 사람들에게 어떻게 잘못되었는지 설명하는 것은 더더욱 어렵다. 따라서 페미니즘을 쉽게 읽고, 쉽게 말하도록 하는 시도는 옳다. 그동안 말하지 못했던 페미니즘에 대해서 입이 트이게 된다.

하지만 쉬운 글 읽기와 무비판적 수용은 다른 것이다. 이전과 달리 인터넷에 각종 글쓰기 플랫폼이 생기고, 1인 출판 등 출판 시스템의 변화로 작가의 문턱이 낮아졌다. 누구나 글을 쓸 수 있다는 말 속엔 아무나 글을 쓸 수 있다는 말도 포함되어 있다. 하지만 아직도 우리 사회에선 '책'이 주는 권위가 있다. 비판적 글 읽기를 하지 않으면 아무 말을 하는 책에도 고개를 끄덕이게 된다.

워마드는 불편하지만 페미니즘은 해야 해

페미니즘 분야에서 나오는 글들은 자기고백적인 글들이 많다. 처음엔 긍정적인 현상으로 이를 파악했다. 직장에서, 가정에서, 일상에서 받은 차별에 대해서 본인의 입으로 이야기하는 일은 진정성 있는 고백이었다. 이를 통해 서로 같은 아픔이 있었음에 공감하고 연대하는 일이 생기고, 성차별에 대해 무지했던 사람들에게는 잘못된 일을 행하지 않도록 경각심을 갖도록 했다고 생각한다.

하지만 급속도로 많은 책들이 나오고 있기에, 당연한 일이지만 조금은 아쉬운 책들도 나올 수밖에 없다. 경험한 현상에 대한 고백은 있지만 분석과 주장은 약한 책들이 그들이다. 차별받아온 아픔을 공유하고 이 아픔에 대해서 고발하는 것은 옳지만, 무엇이 문제인지 자각하고 이를 극복하려는 시도는 약하다. 그러다보니 이야기가 겉돈다. '나는 아프다!'라는 경험 자각 이후 무엇을 어떻게 해야 할지 말을 못하니, 점차 '나는 아프다'에만 집중해서 글을 풀려고 한다. 그 과정에서 남성이 장발을 강요한다와 같이 남녀 차별도 아닌 것을 남녀 차별이라고 고발을 하곤 한다.

편향된 페미니즘 도서를 통해서 생기는 갈등도 많이 보았다. 페미니즘을 성대립으로 끌고 가서 여성집단의 유대감을 구걸하고 남성집단에 대한 혐오감만 불러일으키는 책, 무작정 남성들에 대한 비난을 하고 자신 같은 일부 남자들은 좋은 남성이라고 선 긋고 자위하는 책 등을 말이다. 이런 책들에도 부분적으로 옳은 말은 있다. 그래서 읽다보면 옳은 부분과 그른 부분을 구분하는 것이 어렵다.

페미니즘이 돈이 되면서 지금 이 시장에는 체계적으로 지식을 정리하지 않고 상황에 따라 단편적으로 그럴 듯한 지식만 가져다 붙인 사이비 전문가들도 숨어 있다. 가능하면 다양한 책들을 읽고 비교해야 한다. 어느 한 책만 읽고 판단하는 것은 매우 위험한 일이다.

당연하지만 이 책 또한 비판적으로 읽어야 한다. 필자 또한 사람일 뿐이다. 지식의 한계, 경험의 한계, 필력의 한계 등이 있다. 취할 곳은 취해야 하고 비판할 곳에 대해선 비판해야 한다. 모든 책은 결국 독자와의 만남을 통해 완성된다. 비판적 글 읽기야말로 작가가 염원하는 독자와의 최고의 만남이다.

2. 미러링
생각해보기

독립운동과 테러의 차이

페미니즘과 관련해서 미러링에 대해서도 생각해보고 싶다. 미러링(Mirroring)이란 무엇인가? 여성차별적인 행동들에 대해서 거울에 반사된 것처럼 똑같이 따라하라는 것이다. 여성을 성상품화하는 농담을 하는 남성에 대해 그와 똑같이 남성을 성상품화하는 농담을 해서 그것이 왜 나쁜지를 일깨워주는 식이다.

미러링은 상당히 효과적인 수단이다. 원래 어떤 문제가 발생했을 때 가해자에게 무엇이 어떠어떠해서 잘못되었다고 지적하는 것은 어려운 일이다. 여직원에게 사무실의 꽃이라고 말하는 부장님에 대해서 무엇이, 왜, 어떻게 잘못되었는지 반박하기란 쉽지 않다.

이렇듯 피해자가 입을 열기 어려운 상황에서 미러링은 쉽게 입을 열 수 있도록 했다. 이 단순한 수단이 필요할 정도로 그동안 우리 사회는 차별에 대해서 무감각했었고, 그렇기 때문에 미러링은 소통의 수단이었다. 답답할 정도로 불통하는 한국 사회가 빚어낸 기형적으로 극단적인 소통인 것이다.

초창기에는 그랬다. 필자 역시도 처음 미러링을 접했을 때 그 방법의 효율성에 환호했고, 미러링이 나오기까지 우리 사회의 경직된 문화를 비판했다. 그리고 이 때문에 메갈과 미러링이 처음 등장했을 때 사회 저명인사들이 메갈에 동조하는 의사를 밝혔다고 생각한다. 시간이 흘러 미러링이 변질된 지금, 그들이 과연 아직도 같은 생각을 하는지 궁금하다.

미러링이 억압 받는 집단이 택한 수단이라는 점에서 일제 시대 독립운동가들의 모습과 비교하고 싶다. 안중근의 행동과 테러 단체의 차이가 무엇일까? 도대체 무엇으로 숭고한 운동과 테러를 구분할 수 있을까? 여기에는 2개의 답이 있다는 생각이다.

(가) 목적이 아닌 수단으로 사용되어야 한다.
(나) 대상을 명확히 해야 한다.
    (무고한 사람들의 피해를 최소화해야 한다.)

안중근 의사의 행동은 살인이 목적이 아닌, 조선 독립이 목적이었다. 또한 그 대상은 이토 히로부미 한 명으로 한정할 뿐이다. 그 과정에서 수행원이 다치는 일도 있었지만, 가능한 불필요한 사상자를 낳지 않으려고 노력했다. 반면 테러는 공격을 위한 공격이다. 불특정 다수를 향해 효과적인 공격을 감행하고 억울한 사람들이 생긴다. 이 때문에 국제사회의 지탄을 받는다.

미러링의 변질

초기 미러링은 위 2가지 조건에 부합하였다. 먼저, 미러링은 목적이 명확했다. 성추행을 일삼는 상사 등 자신의 잘못을 알지 못하는 사람들이 목적이었다. 또한 단순하게 잘못된 남성을 공격하는 것이 목적이 아니라, 그들의 깨달음이 목적이었다. 따라서 미러링이 부분적으로 폭력의 성질을 띠고 있을지 언정 결과적으로 '소통'의 수단이 될 수 있었다. 그렇기 때문에 미러링에는 반대하지 않는다. 하지만 워마드에서 사용하는 테러와 같은 미러링을 보자.

여성 몰카에 대한 미러링이란 명분으로 지하철과 목욕탕에서 남성몰카를 찍어 워마드 게시판에 올린 사건이 있었다.[16] 이는 남성집단 전체를 향한 혐오가 만든 폭력에 지나지 않는다. 성추행을 일삼는 상사를 욕하는 것은, 잘못된 사람(대상)에 대해 자기 잘못을 깨닫게 하는(목적) 효과적인 미러링이다. 하지만 지하철, 목욕탕 몰카에는 잘못된 대상이 없다. 남성을 대상으로 하는 범죄는 성별 갈등만을 조장할 뿐이며 몰카 범죄의 흉악성을 깨닫게 한다는 목적도 없다. 워마드의 이러한 폭력은 남성혐오 범죄일 뿐인데도 미러링이란 이름으로 불리며 잘못 사용되고 있다.

---

16 "몰카엔 몰카로" 남성무차별 몰카 '확산', 《파이낸셜 뉴스》 2018년 5월 17일. '워마드의 잇단 남성 몰카 공유…경찰 동시다발 내사 착수', 《중앙일보》 2018년 7월 19일.

테러의 면죄부가 된 미러링

워마드가 벌인 성체 훼손 사건을 보자. 성체는 예수의 몸을 상징하는 빵으로 가톨릭교회 미사 의식에 사용한다. 종교가 없는 사람들의 이해를 위해 태극기를 불태우는 정도의 사건이라는 비유를 들려고 했지만, 비유가 아니라 워마드는 실제로 태극기와 욱일기를 합성하기도 했다. 이런 사건들을 보면 그들이 목표하는 대상이나 당위성에 대해서 공감할 수 없다.

이들의 행동은 미러링도 아니다. 이는 폭력일 뿐이다. 이름 그대로 미러링은 거울처럼 '대상'이 있어야 한다. 이들의 논리는 '거울에 오물이 비추면 오물을 치워야지 거울을 치우랴?'라고 비꼬지만, 현실은 남이 오물을 만드니까 나도 오물을 만드는 상황이다. 그들은 자신들의 남혐이 여혐이라는 산불에 맞서는 맞불이라고 변명하지만 여혐과 남혐은 큰 산을 태우는 2개의 불길일 뿐이다. 착각하지 말자. 페미니즘은 폭력에 대한 그럴듯한 이유가 아니고 미러링은 폭력에 대한 면죄부가 아니다.

앞서 이야기했지만, 미러링이라는 대응방식의 출현은 그만큼 우리 사회에 문제가 많다는 것을 보여주는 현상이다. 그리고 아직은 우리 사회에 성 차별이 남아있기 때문에 미러링이 필요한 지점들이 분명히 있다.

그렇기 때문에 워마드에 대해 더 강력히 반대하는 것이다. 다시 말하지만, 대상이 명확하고 폭력이 목적이 아닌 미러링이라면 권장한다. 그리고 미러링이 인정받기 위해서는 폭력을 걷어내야만 한다. 하지만 현재의 미러링은 폭력의 면죄부로 쓰인다. 목적도 없이 무분별하게 휘두르고 있을 뿐, 그 모습이 도를 넘어 다른 사람들의 공감도 얻지 못하고 있다. 그들이 그동안 미러링인 척하는 폭력으로 만든 결과를 생각해보자. 낙태 사건으로 사회 구성원들이 여성차별에 대한 잘못됨을 생각했을까, 그들의 폭력성에 진저리치며 페미니즘에 대한 반감을 느꼈을까? 미러링은 해야 하지만 폭력은 하지 말아야 한다. 우리 사회가 없애야 하는 것은 남성이 아니라 차별이기 때문이다.

미투와 곰탕집

미투 운동[17]의 창시자로 알려진 타라나 버크(Tarana Burke)는 테드 강연을 통해 몇몇 언론들의 '마녀사냥' 때문에 미투 운동의 실체를 알아볼 수 없게 되었다고 말했다. 그녀는 강연을 통해 '성폭력으로부터 살아남은 생존자를 위한 미투 운동이 갑자기 남성에 대한 복수, 음모 따위로 치부되기 시작했다'라고 말했다. 그렇다면 왜 미투 운동이 이러한 오해를 받고 있는지 살펴보자.

미투 운동은 성폭력 희생자를 없애기 위한 운동이다. 상식적으로 이러한 운동이 역풍을 맞아선 안 된다. 그러나 무조건적으로 남성을 범죄자로 몰아가는 그들의 페미니즘이 미투 운동에 대한 반발을 만들었다. 대표적인 사례가 곰탕집 사건이다.

곰탕집에서 한 남성이 자신의 신체 부위를 만졌다고 한 여성이 신고를 하여 징역 6개월이 구형된 사건이 있었다. 이 남성의 부인이 뚜렷한 증거도 없이 신고자의 진술이 구체적이고 일관적이라는 이유만으로 남편이 억울하게 구속을 당했다며 청원을 넣었다. 실제로 CCTV로는 성추행 진위가 구별되기 어려웠고 판결문엔 '피해자의 진술'에 크게 의존했음이 명시되어 있었다. 이를 계기로 시민단체 '당당위'(당신의 가족과 당신

---

17 2017년 할리우드 영화제작자 하비 와인스타인의 성추문을 폭로하기 위해
    SNS에 #Me Too를 다는 운동. 성범죄 피해자들의 고백을 통해 범죄자를 고발
    하고 단죄하였다.

의 삶을 지키기 위하여)가 만들어졌고 판결에 반대하던 집회는 안티 페미니즘 집회로 활동이 이어졌다.

사건보다도 이 사건을 둘러싼 페미니즘 단체와 안티 페미니즘 단체의 대립에 주목하고 싶다. CCTV로 판단이 어려워 남성과 여성, 두 명의 진술에만 의지해야 하는 상황에서 양측을 응원하는 집단의 대결은 '성별 대립'의 극단을 볼 수 있었다.

자신이 어렸을 때부터 성추행 당했던 사건들을 이야기하면서 질이 안 좋은 남성이 얼마나 우리 곁에 가까이 있는지 설명하는 것은 해당 사건의 가해자, 피해자와 연관성이 없는 주장이다. 하지만 여성집단의 입장에선 '저 나쁜 남자들!'이라는 울분을 불러일으키게 하고, 이 울분은 곧 '그래, 저 나쁜 남자들이 잘못을 했을 거야'라는 확신으로 바뀐다.

안티페미니즘 또한 마찬가지다. 워마드와 같은 극단적인 여초 사이트에 올라온 '맘에 안 드는 남자애가 공무원 합격했는데 CCTV 없는 곳에 같이 간 후에 성추행으로 신고할까'라는 글들을 예시로 얼마나 나쁜 여성들이 있는지 설명하는 것은 해당 사건의 남성 알리바이를 입증하는데 도움이 되지 않는다. 그저 억울해 하는 남성들의 울분과 '이번에도 여성이 잘못했을 거야'라는 확신만 더할 뿐이다.

이미 이 사건은 본질에서 멀어졌다. 극단으로 치우진 페미니즘 갈등에선 어떤 사람이 어떠한 행동을 했는지 실재는 사라지고 남성과 여성, 성범죄자란 관념만 남아 서로를 물고 뜯는다. 둘의 갈등은 무엇이, 어떻게 같은 설명 대신 여론몰이와 마녀사냥을 한다.

곰탕집 성추행 사건은 해당 남성, 여성에겐 인생이 걸린 문제다. 한 쪽이 피해자, 가해자로 정해지는 순간 형량이 결정되고 범죄가 드러나게 된다. 곰탕집 사건을 해결하기 위해선 남녀 대립이라는 시각이 아니라 어떻게 해야 CCTV 외 사건을 풀 수 있는 열쇠가 있는지 모색해야 한다. 그것이 성대립이 아닌 올바른 미투다.

타라나 버크의 말을 인용하자면 '남성은 적이 아니므로 우리 대 그들의 구도를 가져선 안 된다.' 성범죄는 없어져야 한다. 미투가 이 명제에만 몰두한다면 이에 남성이 반대할 이유도 없고 여성만이 환영할 이유도 없다.

차별과 성별

그러나 지금 우리 주변을 둘러보자. 왜 차별하는 집단의 절대다수는 남성이고, 차별받는 절대다수는 여성일까? 이는 성별 자체에 차별을 만드는 근원적인 원인이 있는 것 아닐까? 결론부터 말하자면 남성과 여성의 차이도 있지만, 사회구조와 정치구조 등이 복잡하게 얽혀서 만들어진 결과이다. 다음 장에서 이를 자세히 알아볼 것이다.

앞에서 현상에 대한 해석 없이 개인적인 경험을 토대로 근거 없이 주장만 하는 페미니즘 도서에 대해 비판을 하였다. 최근 나온 페미니즘 도서들에서 이야기하는 남성과 여성에 대한 개념 정의를 보면 매우 혼란스럽다.

최근 페미니즘 도서 중에는 무턱대고 남성과 여성은 같다고 주장하는 책들이 있다. 그들은 남성성과 여성성이란 단어에 민감하게 반응한다. 마치 그것들이 남녀 차별에 정당성을 부여한다고 생각하는 듯하다. 이를 이해 못하는 것은 아니다. 실제로 우리 사회에서는 '남성은 바깥사람이고 여성은 안사람이다.'라는 식의 전근대적인 사고의 문장들을 자주 접할 수 있다. 여성이란 이유만으로 차별을 받아왔기 때문에, 남성과 여성을 구분하는 행위 자체가 차별을 만드는 것으로 보일 수 있다. 그렇지만 지금까지 그들이 성별에 따라 차별을 받아왔기에, 남녀에 대한 이해를 거부하고 무작정 성별에 따른 갈등을 조장해도 된다는 뜻은 아니다. 예컨대 이들 중에는 각종 통계를 통해 '남성성과 여성성은 없다'라고 주장하다가도 초중고 교과과정에서 여성이 남성보다 뛰어난 학업 성취도를 받은 통계를 가져오거나, 유독 '남성'이 '여성'보다 범죄를 많이 일으킨다고 설명하는 사람들도 있다. 차별에 대해 반대하기 위해 남성과 여성은 다르지 않다고 역설하지만, 성별에 따라 발생하는 특수성에 대해서는 유리한 대로 해석을 하니 문제가 생긴다.

당연한 말이지만 남성성과 여성성은 페미니즘을 통해서만 보면 안 된다. 생물학적, 사회학적 분석을 통해서 생각해야 할 이 문제들을 페미니즘이란 영역 아래에서만 다루면 문제가 생긴다. 어떠한 분석 없이 자신의 경험만 보편화하면서 저마다 다른 말을 할 뿐이다.

조금만 천천히 살펴보면 남성과 여성은 다르다는 것을 알 수 있고, 그것이 그렇게 큰 문제가 아니라는 걸 알 수 있고, 차별을 만드는 것은 남성성과 여성성이란 속성이 아닌 사회구조적인 문제라는 것을 알 수 있다. 다음 장부터 도대체 남녀는 어떠한 차이가 있고 우리 사회의 어떠한 요소가 차별을 만들었는지 살펴보려고 한다.

4장

남성? 여성? 남성성? 여성성?

1. '본능적으로'의
함정

다르다와 불평등

시작에 앞서 말한다. 이 장에선 남자와 여자의 생물학적 차이를 알아볼 것이다. 생물학적인 차이를 알아본다고 하면 성차별을 '자연적'이라면서 '정당화'한다는 오해를 받아왔다. 그러나 이 책에선 남자의 바람기를 정당화하거나 여자가 독박육아를 해야 한다는 주장을 하지는 않을 것이다. 오히려 남자가 여자보다 더 육아에 집중해야 한다고 주장할 것이다. 아래문장을 보자.

(가) 남성과 여성은 다르다.

(나) 남성과 여성은 평등하지 않다.

'다르다'와 '평등하지 않다'는 같은 말이 아니다. 하지만 우리 사회는 남자에 비해서 여자가 불평등한 대우를 받아왔다. 남녀가 유별한 사회였고 남녀차별이 당연했던 조선을 계승한 나라이다. 옛 사고에 빠져서 주장하는 사람들은 위 (가) 문장이 맞기 때문에 (나) 문장이 도출되었다고 주장한다. 예컨대 여성은 남성보다 모성애가 발달되어 육아는 여자가 전담하는 것이 옳다는 식의 주장처럼 말이다. 그리고 이에 반대하는 페미니스트들은 (나) 문장에 반대하기 위해 (가) 문장 또한 부정했다. 그러한 상황 속에서 남녀의 다름을 이야기하려고 하면 마치 성차별을 정당화하려는 시도로 손가락질을 받게 되었다.

하지만 이는 잘못된 오해에서 생긴 결과다. 사과와 귤이 다르다고 해서 사과가 귤보다 열등하지는 않다. 남녀의 '다름'으로 어느 한 쪽이 '열등'하다는 주장을 하는 것이 잘못이지, 둘의 다름을 구분하는 것은 차별로 이어지지 않는다. 나중에 다시 언급하겠지만 남녀는 다르다. 그리고 남녀의 '차이'를 설명하는 것은 '차별'을 정당화하는 것과 관련이 없다. 차이를 아는 것은 다름의 인정을 통해 서로 상대방에 대해 깊게 이해하고, 더 배려하고, 더 존중할 수 있는 토대를 만들기 위함이다.

영유아 발달은 4세부터 성차가 보인다. 여아는 남아에 비해서 공감능력, 언어능력이 빠르게 발달하고, 놀이를 할 때는 남아가 여아에 비해 신체적 자발성이 높게 나타난다.

성차가 없다는 말은 진화론을 부정하는 말이나 다름없다. 현존하는 대다수의 고등동물들은 유전자를 보존하기 위해 단성생식이 아닌 유성생식을 하고 있다. 수컷 공작은 암컷을 유혹하기 위해 자신이 섭취한 많은 열량을 화려한 깃털에 소비하고 있다.

이스라엘에 키부츠 공동체가 있다. 성차를 비롯하여 문화, 종교 등 많은 차별에 반대했던 공동체다. 그러나 한 세대를 지나고 보니 자연스럽게 성별에 따른 노동 분업이 생겼다고 한다.

도대체 왜 이런 차이들이 생기는 것일까? 이 물음에 대한 답으로 진화심리학을 제시할 것이다. 시작도 하지 않았지만 진화심리학이란 답변이 당신을 불편하게 만들 수도 있다. 진화론이 유사과학처럼 느껴지고 다윈이 거북한 사람들이 있다. 하지만 이는 페미니즘에 대해서 남성들이 잘못된 오해와 편견을 가지고 있는 것과 같다. 진화론 자체에 대한 잘못된 오해와 편견이 퍼져있다. 진화심리학에 대해서 알기 전에 먼저 진화론에 대해 오해와 편견을 버려야 한다.

진화심리학에 대한 오해

먼저, 진화란 좋은 것으로 변하는 것이 아니다. 진화라는 개념에는 마치 다음 단계로 나아가는 듯한 느낌이 있다. 리자드보다는 진화한 리자몽 카드가 더 좋게 인식되는 것처럼 말이다.[18] 하지만 진화란 개체변이를 일으키는 돌연변이이고 그 중 자연선택, 성선택되어 살아남은 결과일 뿐이다. 요약하면 진화란 지향성이 없는 다양한 변화일 뿐이다. 환경과 생존여부에 따라서 좋고 나쁘다는 해석의 꼬리표를 붙일 뿐, 그 변화 자체엔 좋고, 나쁘고의 판단이 없다.

다음으로 본능은 옳은 것이 아니다. 프레임이란 정말 무섭다. 많은 사람들에게 '본능'이란 단어는 마치 그것이 자연스럽기 때문에 마땅히 따라야 하는 것처럼 들리는 프레임이 있는 듯하다. 그래서 운명적인 사랑임을 '본능적으로' 느꼈다는 가

---

18 한때 한국사회를 강타했던 일본의 유명 애니메이션 '포켓몬스터'의 몬스터. 파이리-리자드-리자몽 순으로 진화한다. 만화에선 진화는 더 강해지고 좋은 것이지만, 진화론의 '진화'는 돌연변이일 뿐이다.

워마드는 불편하지만 페미니즘은 해야 해

사도 있지 않는가.

진화심리학에 대한 오해에는 이러한 프레임 씌우기가 있다. 여성/남성이 본능적으로 다르다는 설명과 더불어 그렇기 때문에 여성/남성은 차별이 있는 것처럼 부연해서 설명한다.

실제로 진화심리학이라는 잣대로 성차별 옹호를 주장하는 학자들이 많다. 예컨대 남자는 여자에 비해서 성욕을 빈번하게 느끼기 때문에 남자의 바람기는 정당한 것이며, 남자와 여자는 신체구조가 다르기 때문에 집안일은 여자가 하는 것이 더 옳다고 주장하는 식이다. 이런 사람들의 주장을 통해서 진화심리학을 잘못 접했거나, 인터넷을 통해 떠도는 글만 읽고 오해가 먼저 생겼다면 진화심리학이란 학문 자체에 혐오를 느낄 수도 있다.

사실문제와 가치문제

하지만 조금만 생각해보면 이들 주장의 허점을 파악할 수 있다. 그들은 사실문제와 가치문제를 교묘히 혼동하며 오류를 만들고 있다. 여성과 남성이 어떠어떠한 경향성이 있다고 하더라도 그 경향성이 당위성을 갖게 되는 것은 아니다.

인간 문명은 자연상태의 거부이고, 인간의 역사는 본능을 거스른 기록이다. 배고프면 식욕이 생기는 것이 본능이다. 그러나 식욕이 생길 때마다 욕구에 충실해야 하는 건 아니다. 자신의 몸 상태에 맞게 본능을 조절 못하면 우리는 '본능대로' 먹다가 '자연스럽게' 비만이나 당뇨에 걸릴 것이다. 따라서 우리에게 식욕이란 '본능'이 욕구의 충족을 해야 된다는 '당위성'을 부여하지는 않는다. 오히려 현대 의학은 식이요법을 통해 욕구를 조절하도록 권장한다. 과학은 우리가 왜 기름지고 단 것을 좋아하는지를 칼로리 전환 효율을 통해 설명할 뿐이다. 그것들을 기반으로 우리는 특정 음식에 살이 찔 확률이 높다/에너지 효율이 높다는 예측을 할 수 있다. 그리고 이는 당뇨병 환자와 올림픽을 준비하는 사람들에 맞춰 어떠한 음식을 먹어야 하는지 선택하는 기준을 제시한다.

마찬가지로 여성과 남성의 특징이 다르고, 이를 남성성, 여성성이라고 이름 붙여도, 이것이 여성과 남성의 행동 규범이 정해져 있다는 주장에 당위성을 제공하지 않는다. 오히려 남성과 여성에 대해서 시대에 맞게 행동하도록 새로운 판단 근거를 제시할 수도 있다. 예를 들어 진화심리학은 성별에 따라 육아 문제를 분담시키지 않는다. 다만 왜 엄마가 고통을 받는

워마드는 불편하지만 페미니즘은 해야 해

척 했을 때 남아에 비해서 여아가 공감 능력이 뛰어난 지, 왜 아버지의 놀이엔 신체적 놀이가 많고 어머니의 놀이엔 언어 놀이가 많은 지를 밝힌다. 이런 것들은 사실문제다. 연구를 통해서 집단적으로 나타나는 현상의 이유를 제시한다. 그래서 여기에서 도출 될 수 있는 주장인 (가)와 (나)를 살펴보자.

(가) 남성이 여성에 비해서 공감능력이 떨어져 육아에 서투르니 남성은 바깥일을 하고, 여성은 집안일을 해야 한다.

(나) 남성이 여성에 비해서 공감능력이 떨어져 육아에 서투르니 남성은 여성보다 더 신경 써서 육아에 대해 공부해야 한다.

진화심리학이 관여한 건 밑줄 친 사실문제 부분만이다. 사실문제는 참과 거짓을 구분하는 명제로 이는 실험과 분석을 통해 알아낸다. 하지만 그밖에 (가) 문장과 (나) 문장의 가치문제 부분은 판단하는 사람들의 다양한 시각을 통해서 옳고 그름을 가려야 하는 부분이다.

예컨대, 남녀 분업을 통한 업무 효율성을 위해서 (가)가 옳

다고 주장하거나, 아동가족학을 통해 아버지 놀이의 중요성[19]
과 사회학에서 발견되는 가장의 소외현상[20] 등을 고려해 보면
(나)가 더 옳다고 주장할 수 있다.

보다시피 밑줄 친 부분은 당위성을 가지지 못한다. (가)와
(나)의 밑줄 치지 않은 가치문제 부분은 진화심리학과 같이
실험실에서 연구해서 검증을 내리는 것이 아니라 인문학적
지식을 토대로 당위성을 주장해야 한다. 따라서 다양한 학문
들을 통해서 생각하고 판단해야 한다. 그러나 어떤 이들은 마
치 진화심리학을 토대로 그 자체로 진리가 되는 양 가치문제
까지 주장을 하기도 한다. 이는 식욕을 근거로 당뇨병 환자에
게 초콜릿을 권하는 식이다.

결론적으로 진화심리학은 남성과 여성에 대해서 어떠한 경
향성이 있는지 밝혀내는 학문이지, 남성과 여성의 행동에 대
해서 어떠한 행동 규범을 제시하는 학문이 아니다. 우리는 이

---

[19] 단편적으로 어머니와 하지 않는 신체놀이 등을 통해 정서 분출 방법을 배우
기도 한다. 미국에서 성공한 여성을 조사한 자료에선 그 원인으로 아버지의
양육 참여를 뽑기도 했다.

[20] 아버지의 자녀양육은 본인에게도 좋은 일이다. 아이들과 벽을 쌓고 가장으로
만 살아온 남성이 은퇴 이후 직장에서 가정으로 돌아간다고 상상해보자.

워마드는 불편하지만 페미니즘은 해야 해

학문의 옳고 그름을 따지는 것이 아니라 이 학문을 토대로 어떠한 주장을 하는지를 판단하고, 옳은 주장을 선별하는 힘을 길러야 한다. 이를 구분하는 것은 쉽지 않을 수 있다. 물리학을 통해서 원자폭탄이 만들어졌다면 물리학 자체를 비난하는 것이 항상 더 쉬운 법이다. 하지만 물리학이 없는 세상을 상상해보자. 올 여름의 기록적인 폭염을 떠올렸을 때 필자는 에어컨이 없는 세상에선 살기 힘들 것 같다.

다만, 진화심리학을 공부하기 위해 이덕하의 『페미니스트가 매우 불편해할 진화심리학』이나 마리 루티의 『나는 과학이 말하는 성차별이 불편합니다 – 진화심리학이 퍼뜨리는 젠더불평등』 등을 읽는 것은 워마드로 페미니즘을 배우는 것과 같다고 생각한다. 제목부터가 서로가 서로를 불편해한다. 책 읽기 또한 불편한 과정이었다. 그들의 주장에 동의하는 부분도 있지만 동의하기 어려운 부분이 더 많았다. 여성은 연하의 남성과 단순하게 재미를 위해서 섹스할 수 있으며, 남성성을 이유로 강간을 두둔해서는 안 된다는 말에 공감한다. 그러나 진화심리학 자체를 통틀어 잘못된 것으로, 심지어는 진화심리학이 유사과학처럼 느껴지게 만드는 주장에는 반대한다. 성차가 있다는 말에는 공감하지만 그 성차가 차별이 되어서는 안 되기 때문이다.

이처럼 진화심리학을 제대로 읽기란 쉽지 않은 법이다. 그러나 몇몇 정당들이 비리를 저지른다고 해서 민주주의를 없애야 할까? 진화심리학으로 남녀차별을 정당화하는 주장을 퍼뜨리는 학자들이 있었다고 해서 진화심리학이 유사과학이라는 설명은 우생학이 있기 때문에 진화론이 유사과학이라는 말과 다름없다.

이 학문으로 강간을 정당화하는 사람이 있다면 우리는 이 주장에 대해서 반대할 수 있어야 한다. 그리고 이를 위해서 우리는 이 학문을 더 공부해야 한다. 진화심리학은 악용될 여지가 많은 학문이다. 이것이 바로 진화심리학을 공부해야 하는 이유다.

물론 당신에겐 진화심리학을 공부할 의무는 없다. 혈액형을 분류하며 이를 통해 심리테스트를 하는 것에 재미를 느끼며 산다고 남에게 피해를 끼치는 것도 아니다. 하지만 누군가 당신에게 인종별로 우열이 나누어져 있다고 속삭인다면 이에 반대할 무기는 있어야 한다. 진화론을 공부한 사람이면 우생학에 흔들리지 않는다. 마찬가지로 진화심리학을 이용하여 잘못 퍼뜨리는 대다수의 문제에 대해서는 진화심리학을 공부하면 해결이 된다. 다음 장에서 진화심리학에서 말하는 남녀의 차이부터 차근차근 알아볼 것이다.

2. 차별이 아닌,
남녀의 차이

혹독한 소속사를 만난 연습생

진화심리학을 알기 위해선 먼저 '진화'의 개념을 알고 넘어가야 한다. 앞서 진화란 돌연변이 중 살아남은 결과라고 표현했다. 살아남기 위한 조건은 '자연선택'과 '성선택'이다.

자연선택과 성선택은 관객들이 뭘 좋아하는지 모르니 일단 다 준비해 놓고, 살아남은 자들만 데뷔시키는 혹독한 오디션 프로그램과 닮아있다. 우리의 선조들이 연습생이고 진화가 오디션 프로그램 과정이고 현대 인류가 데뷔한 아이돌이라고 생각해보자.

연습생 단계(선조)에서는 정말 다양한 매력을 가진 아이돌 후보들이 많지만 오디션 프로그램(진화)을 거치면서 해당 소속사가 선호하는 매력을 가진 연습생만 살아남게 된다. 따라서 아이돌(현생인류)들은 각각 소속사들이 선호하는 특징(자연선택/성선택)이 있다. 태초부터 우리를 선택한 소속사는 '자연'과 '성'이었다. 혹독한 자연 속에서 살아남는 특질과 이성에게 매력을 어필해 후손을 남길 수 있는 재주는 데뷔를 위한 필수조건이다.

인류 역사의 시계를 앞으로 쫙 당겨 보자. 당신의 손에서 스마트폰이 없어지고 도시에 전기가 사라졌다. 의학 수준은 형편없고 평균 수명은 지금보다 훨씬 짧았다. 중세의 평균 수명도 30세로 18세기에 이르러야 50세로 높아졌다.[21] 여러 가지 다른 이유도 많지만 남성은 전쟁으로, 여성은 출산 시 사망률이 높았다. 인류 역사 전체를 12시간이라고 한다면, 11시 59분

21 　로베르 들로로 지음, 『서양중세의 삶과 생활』, 새미, 1999년.

까지는 전쟁과 출산에서 살아남을 확률이 높다는 건 생존에 있어서 가장 큰 축복을 받은 것이나 다름없었다.

태초부터 지금까지 수많은 사람들이 살았을 것이다. 그리고 골반이 넓은 여성은 그렇지 않은 여성보다 출산 시 살아남을 확률이 높았다. 마찬가지로 남성들 또한 흉부 발달이 전투에서 유리했다. 그 결과 다른 집단보다 후손을 남기기에 유리한 집단이 생겼다. 첫 번째는 골반과 흉부가 발달한 여성과 남성 집단이다. 두 번째는 그러한 특성을 가진 이성을 선호하여 짝을 맺은 남성/여성 집단이다.

다시 한 번 정리해보겠다. 우리의 선조들은 전쟁이 빈번하고 의학이 발달되지 않은 환경 속에서 살아남아야 했다(자연선택). 그 과정에서 발달된 상체를 가진 남성을 선택했던 여성이 후손을 남길 확률이 그렇지 않은 여성보다 높았고, 수많은 세대를 거친 그들의 후손이 우리일 뿐이다(성선택).

그래서 현생 인류는 여자는 골반이, 남자는 흉부가 더 발달한 것이다. 또한 이성에게 매력적으로 보이는 신체 비율 등을 조사한 연구가 있는 것이다.

여기서 '본능적으로'의 함정에 빠질 수 있는 문장이 나온다.

'이성'에게 '매력적'으로 보이는 '신체 비율'에는 상당히 자극적인 단어들이 많다. 주의하지 않으면 코르셋에 힘을 실어줄 수 있으니 조심해야 한다.

신체의 황금비와 코르셋

문화권 별로 여성의 허리와 골반 비율에 대한 남자의 선호도와 남자의 어깨/허리 비율에 대한 여성의 선호도를 조사한 실험 등이 있다.[22] 이 실험에서 말하는 비율은 수학에서 말하는 황금비처럼 논리적인 계산에 의해 도출된 것도 아니며 절대적인 우주의 미를 해명하려는 것도 아니다. 따라서 인류가 그러한 비율에 스스로를 우겨넣기 위해 코르셋을 입어야 한다는 당위성 따윈 없다. 그런 비율을 좋아해서 그들과 결혼한 개체가 자식을 남기기 유리했고, 우리가 그들의 유전자를 물려받았기 때문에 우리 또한 이성을 고를 때 그러한 비율을 좋아할 경향성을 띨 확률이 높을 뿐이다.

---

22 성별 상하체 비율, 좌우 대칭 비율, 피부의 깔끔함 등 비슷한 맥락의 다양한 통계 자료가 있다.

워마드는 불편하지만 페미니즘은 해야 해

이 문단은 잘못 이용하면 코르셋을 주장하는 사람들에게 힘을 줄 수 있다. 진화 과정에서 '자연스럽게' 이성에게 매력적으로 보이는 비율이 있다니 얼마나 마케팅으로 이용하기 좋은가. '*** 추출물로 만든 알약을 먹고 상대를 함락시키기 좋은 비율을 가져보세요!'처럼 말이다. 하지만 여기서 코르셋이 맞는 말이 되려면 2가지가 전제되어야 한다.

(가) 삶의 목적이 생식이어야 한다.
(나) 배우자 선택 시 신체적인 조건이 커야 한다.

(가)는 누가 감히 대답을 할 수 있을까? 진화를 이끄는 원동력은 생식이지만 삶의 목적은 개인의 철학, 종교에 따라서 답을 내릴 부분이다. 그러나 '본능적으로'의 함정에 빠진 사람들에겐 삶의 목적이 생식으로 보인다.

〈이디오크러시(Idiocracy)〉[23]라는 영화가 있다. 영화 속에서 IQ 138, 141인 트레버와 캐롤 부부와 IQ 84의 클레이븐의 삶은 대조적이다. 트레버와 캐롤 부부는 아이를 갖는 것이 중

23　마이크 저지 감독 작(2006년).

4장 남성? 여성? 남성성? 여성성?　　　　　　　　　　91

요한 결정이라 시기를 늦추고 나이가 들어 시험관 시술을 생각하지만, 그 사이 클레이븐은 피임을 깜박하고, 사고를 치고, 바람을 피며 11명의 자식을 남기게 된다. 자손 생산 측면만 따졌을 때 클레이븐은 트레버보다 성공한 삶이다. 그리고 이런 일이 세대를 거듭해서 일어난 결과로 영화 속 500년 뒤의 미래 사회는 클레이븐 같은 사람들의 후손인 '바보들(Idiot)'만 남는다. 삶의 목적이 생식에만 있다면 우리 사회는 이디오크러시가 될 것이다.

　(나)는 개인의 가치관에 따라서 결정될 부분이다. 신체적 조건에만 큰 비중을 두는 사람도 있을 수 있지만 그 외에 더 많은 요인을 중요하게 여기는 사람도 있을 것이다. 현대 사회는 신체적인 조건만 가지고 살아남기에 너무도 복잡한 사회이고 삶의 모습도 다양하다. 저마다 다른 '이상적인 배우자상'에서 신체적 조건이 과연 얼마나 많은 부분을 차지할 지를 생각해 보면 날씬한 허리를 만들기 위해 과도하게 집착하는 것은 에너지 낭비라는 생각이 든다.
　따라서 당신은 신체의 황금비라는 코르셋에 콧방귀를 뀌면 된다. 진화심리학은 코르셋을 강조하는 학문이 아니라 왜 우리가 TV를 틀면 나오는 모델들의 신체 비율이 비슷한지를 설명할 뿐이다.

혹시나 "나는 그런 체형을 좋아하지 않는데?"라는 말로 반박을 할 수 있다. 이는 반박이 아닌 당연한 말이다. 진화심리학에서 설명하는 아름다움이란 절대적으로 산출된 계산값이아닌 이토록 다양한 세상에서 왜 다수가 선호하는 평균적인 모델이 있는지에 대한 해석일 뿐이다.

이를 이해하고 나면 아름다움에 대한 욕구에 대해서 그렇게 열을 내고 코르셋을 주장하는 자체가 동물스럽고 우스꽝스럽게 느껴진다. 앞에서 주의하라고 했듯이, 헷갈리면 안 된다. '자연적이다. 본능이다.'라는 말은 '옳다'는 뜻이 아니다. 필자가 만약 이 글을 쓰면서 본능대로 티라미수와 치킨을 먹었다면 아마 3장을 썼을 때쯤 당뇨와 지방간으로 병원에 입원했을 것이다.

인류가 잘록한 허리를 좋아하는 것이 본능이라는 건 왜 연예인들은 다 잘록한 허리를 가졌는지에 대한 설명일 뿐이다. 따라서 과도하게 잘록한 허리에 집착하는 사람들을 보면 필요 이상으로 단 음식에 집착하는 사람들을 떠올리면 된다. 인간의 몸속에 혹독한 오디션을 거친 선조들의 유전자가 있기 때문에 조심하지 않으면 본능이란 함정에 휘둘림을 탄식하면서 말이다.

또한 진화심리학은 잘록한 허리 또한 가변적이라는 것을 알게 해준다. 이 학문을 공부하면 '자연적이다'라는 말은 '절대적이다'라는 말과 같지 않다는 걸 알 수 있다. 예컨대 문화권별로 잘록한 허리는 긴 목이 될 수도, 작은 발이 될 수도 있다. 그것이 개체 보존에 유리하다면 언제든 뒤바뀔 수 있는 것이다. 허리와 골반의 비율은 출산 시 사망률과 연관된 요인이다. 만약 어떤 사회에서 부의 획득이 안정적인 영양공급으로 사망률에 더 중요한 요인이 되고, 부의 획득이 쉬운 높은 사회적 계급일수록 목을 길게 만들었다고 해보자. 몇 세대를 거치면서 그 사회에서 태어난 자손들은 긴 목을 선호하는 사람들의 자손일 확률이 높다. 그렇게 되면 잘록한 허리는 긴 목에게 비너스상의 자리를 내어주는 것이다. 그래서 시대별로 비너스상의 모습은 다르지만, 시대마다 비너스상은 존재하는 것이다.

'다름'에서 주장하는 '틀림'

진화심리학으로 바람기를 두둔하는 사람들이 왜 있는지 이해하기 위해선 코르셋에 대한 함정이 있다는 걸 주의하면서 진화심리학에서 말하는 남성과 여성의 차이를 알아봐야 한다.

먼저 진화심리학은 진화론적 관점에서 연구하는 심리학이다. 추운 지방에 가면 눈과 관련된 단어가 많고 사막에 가면 모래와 관련된 단어가 많은 것처럼 사람의 성격을 나타내는 단어들을 분석하여 보니 크게 5가지 영역으로 나타났다. 개방성, 성실성, 외향성, 친화성, 신경성으로 앞 글자를 따 OCEAN모델[24]이라고 부른다. 미국을 중심으로 이 5가지 모델을 연구하였으나 문화권 별로 7가지, 4가지 등 다른 성격 모델을 연구하기도 하며 5가지 요인 아래에 하부 요인과, 성격 요인에 영향을 끼치는 12가지 동기 등을 밝히고 있다. 이처럼 진화심리학은 인간의 성격을 설명하기 위해 끊임없이 분석하고 연구 중인 최신 학문이라 할 수 있다.

---

24 Openness to Experience, Conscientiousness, Extraversion, Agreeableness, Neuroticism.

진화심리학은 넓은 어깨처럼 인간의 성격 또한 진화과정에서 선택되었다고 설명한다. 특히 성선택적 측면, 남자와 여자가 어떻게 서로를 유혹하고 상대방에게 끌리게 되는지의 차이를 설명하기 때문에 남녀의 차이를 다룬다.

다시 말해 진화심리학은 원추세포 숫자나 뇌량의 크기, 기본 골격과 지방 분포 같은 물리적인 차이가 아니라 어째서 남성은 거울을 보며 '나 정도면 잘생겼지'라고 낙관을 하고, 왜 여성은 거울을 보며 '나 또 살쪘네'라고 낙담하는지를 설명하는 학문이다.

OCEAN모델의 5가지 성격 요인들은 각각 장단점이 있으며 그 자체로 기능하지 않고 서로 다른 요인들에 영향을 받으며, 같은 성질이라도 하부요인과 12가지 내면의 욕구에 따라서 다르게 발현되기도 한다. 더 자세히 설명하려면 너무 많은 지면을 할애하기 때문에 성격요인이 대체적으로 이러하다는 정도로 그치겠다.

⑴ **외향성** : 활동량이 많고 긍정적이며 행복감이 높다. 사회성과 자기주장이 강하다. 자극추구적인 성격이 강하다. 높은 사회성 때문에 사람을 만나는 것을 좋아하는 것처럼 보이지만 단순히 사람과의 만남에서 오는 자극을 즐기는 것일 수도 있다. 친화성과

외향성이 같이 높을 수도 있지만 낮은 친화성과 높은 외향성을 가질 수도 있다.

외향성은 위험한 순간에도 자신은 잘 될 것이라 믿으며 자극을 추구한다. 자신이 잘생겼다고 믿으며 낯선 이성에게 말을 걸거나 안전장치 없이 위험한 스포츠를 즐기게 만든다. 이러한 도전정신은 더 많은 보상을 얻는 데 도움이 되지만 위험에 노출되는 면도 많다. 전 세계 전염병 지도와 성격분석을 같이 한 연구에선 외향성과 개방성이 높을수록 전염병으로 죽을 확률이 높다고 밝혔다. '난 괜찮아'라며 약도 주사도 피하거나 의사가 먹지 말라는 음식을 먹는 것도 외향성이 높은 사람들에게 나타난다.

(2) **신경성** : 스트레스에 취약하며 걱정이 과도하다. 걱정이 많아 우울증이 생길 수도 있으며 순간적 욕구를 참지 못하거나 남들의 시선에 민감해 열등감이 생길 수도 있고 공격적인 행동을 할 수도 있다.

외향성과 신경성은 얼핏 보면 정반대의 성격 같다. 외향성은 좋은 것 모음이고 신경성은 좋지 않은 것 투성이인 것처럼 보인다. 하지만 둘은 각각 장단점이 있고 반대되는 성격도 아니다.

재미있는 점은 외향성이 높고 신경성이 낮을 수도 있으며 둘 다 높거나 둘 다 낮을 수도 있다. 외향성이 높으면 위험에 대한 대비를 적게 한다고 했지만 신경성이 같이 높으면 이는 달라진다. 신경성은 위험 감지에 민감하기 때문에 정글사회에서 살아남기 유리한 성격이다. 위급상황에서는 누구보다 빠르게 대피해 살아남을 수 있다. 또한 적당한 신경성은 미래에 대한 걱정 때문에 성공 요인이 되기도 한다.

(3) 개방성 : 예술성과 창의성으로 개방성이 높으면 규칙을 싫어하고 궁금증이 많으며 상상을 많이 한다. 개방성의 핵심 특성을 전율감(Aesthetic Cihills)이라고 한다. 음악, 풍경 등을 보며 보통 사람들보다 더 감상이 풍부한 사람들을 떠올리면 된다.

잘 생긴 남자보다 유머러스한 남자가 인기 많다는 말은 개방성과 관련된 소리다. 개방성은 창의력, 유머감각과 연관이 되며 이성에게 매력을 어필하는데 도움을 준다.

피카소 효과[25]를 실험한 연구가 있다. 피험자들에게 신발, 연필 같은 평범한 사물을 준 뒤 이 사물의 다양한 용도를 창의적으로 적게 한다. 실험자는 피험자를 세 그룹으로 나누었다. 아무런 보상도 제시하지 않은 그룹, 용도를 많이 생각할수록 돈으로 보상하겠다고 한 그룹, 그리고 매력적인 이성과의 로맨틱한 만남을 상상하게 한 그룹이다. 이 중 창의적인 대답을 가장 많이 한 그

워마드는 불편하지만 페미니즘은 해야 해

룹은 마지막 그룹이었다. 인류는 그저 상상일 뿐인데도 돈을 보상으로 준다고 했을 때보다 더 창의적으로 변했다.

개방성은 비현실적인 믿음이 클 수도 있어 사이비, 음모론에 잘 휘말리기도 한다.

(4) **친화성** : 타인에 대한 믿음이 높은 사람들이다. 친화성이 높으면 공감 능력이 좋고 낮으면 비협조적이다. 하지만 친화성이 너무 높으면 사기를 잘 당한다. 자기 이익을 최대화하기보다 타인을 더 생각하곤 한다.

(5) **성실성** : 가장 쉽게 티가 나는 성격이다. 상대방의 책상만 봐도 알 수 있다. 꼼꼼하게 정리를 하는 사람일수록 성실성이 높다. 성실성이 높으면 책임감이 높고 안정성도 높다. 조직적이며 인내심이 강하고 성취심도 높다. 낮으면 부주의하고 강한 목적의식이 없다.

꾸준한 건강관리로 오래 살기도 하고 높은 성취도를 얻는데 도

---

25 피카소의 예술적 상상력이 풍부해지는 때에 늘 새로운 여성과의 만남이 있었다고 한다. 이를 두고 뮤즈(muse) 효과라고도 한다.

움이 되는 성격이지만 성실성만 너무 높으면 도박을 피하고 안정을 추구하기 때문에 '정말 큰' 성취는 하지 못한다.

이상으로 5가지 성격 요인을 간단하게 살펴보았다. 성격 요인은 남녀 차별과 하등의 관련도 없고 그저 왜 인류에게 이러한 성격이 있는지 분석한 학문일 뿐이다. 하지만 성선택을 위주로 외향성, 신경성, 개방성, 원만성, 성실성을 설명하는 부분에서 오해를 받기 쉬운 서술이 나온다. 바로 남성의 바람기에 대한 설명이다.

남성과 여성의 큰 차이는 여성은 10개월이라는 임신 기간을 가진다는 점이다. 1년이란 시간 동안 남성은 많은 배우자를 만나 많은 자식을 생산하는 것이 가능하다. 하지만 여성의 경우 아무리 많은 남자를 만나도 결국 한 명하고만 자식을 만들 수밖에 없다.

그렇기 때문에 진화심리학을 곡해하는 학자들은 남성의 바람기를 두둔한다. 여성은 배란일에 따라 한 달을 주기로 성욕의 증감을 보이지만 남성은 성욕이 항상 높다. 남성의 성욕은 여성보다 훨씬 더 강하며 바람기는 본능적으로 당연하다고 설명한다.

분명 남성과 여성의 차이는 존재한다. 하룻밤만 잘 보내기 위해 남자들만 엄청 모인 '남탕 클럽'은 많지만 '여탕 클럽'은 적다. '애슐리 메디슨'이라는 불륜 중개 사이트가 해커그룹에 의해 회원 명단이 유출되는 사건이 있었다. 당시 회원의 95%가 남자였다고 한다. 성범죄 비율을 보면 여성보다 남성 가해자가 더 많다.

그래서 그런 것들이 어쨌단 말인가? 다시 한 번 식욕 예를 들어야 할까? 욕망이 행동의 당위성을 낳는 것이 아니다. 진화심리학을 기반으로 남성의 바람기는 어느 정도 용인되는 일로 치부하는 사람은 도덕관념을 의심해야 하고 여성에 대해선 성욕이 없는 성녀로만 그리는 사람들에 대해선 현실을 왜곡하여 잘못된 프레임을 만드는 것임을 알아야 한다. 왜 자꾸 '다름'에서 당위성을 찾는 '잘못된' 주장을 할까?

남성의 성욕은 대단하다. 그러나 티라미수 10개를 먹을 수 있을 만큼의 식욕을 가진 것이 카페에서 티라미수를 도둑질한 것의 답변이 되지 않는다. 만약 지금 사회가 고구려와 같이 전쟁이 빈번하여 남성들의 평균 수명이 극도로 짧다면 일부다처제가 생기고 바람기가 더 많은 후손을 남길 수 있는 요인으로 어느 정도 용인이 될지도 모르겠다. 하지만 일부일처제 사회에서 바람기는 가정의 근간을 흔드는 요인이다.

나쁜 남자가 착한 남자보다 인기 있는 이유

이와 관련하여 '우두머리 수컷'을 알고 가자. 과거 사회는 일부다처제였다. 우두머리 수컷(Alpha male)이 모든 걸 독점하는 사회는 여성보다 남성이 상대적으로 대를 잇기가 어려웠다. 남성 한 명이 여성 네 명을 아내로 거느리는 사회에서 짝을 구하지 못하는 나머지 남성들이 발생했기 때문이다. 그 결과 남성은 여성에 비해서 위험한 행동(고위험 고수익의 도박)을 많이 해야만 했다.

인터넷 우스갯소리로 남자들의 유언 2위는 '괜찮아, 안 죽어.'라고 한다. 그렇다면 1위는? '이러다 죽지, 뭐.'라고 한다. 우스갯소리지만 진화심리학에서 말하는 남성의 특성을 정확히 꼬집었다. 남성호로몬인 테스토스테론의 복용에서 공통적으로 볼 수 있는 효과는 공포를 적게 느끼며 경쟁 자체를 선호하는 태도의 증가다. 괜찮아, 안 죽는다며 자신을 다독이며 까짓것 죽지라는 정신으로 위험한 도박을 하는 장소엔 유독 남자들이 많다.

일부일처제가 정착된 근대 이후의 시각으로는 이해하기 힘들지만, 과거 사회를 보면 남자들은 사회의 평균적인 단계보다 더 높이 올라가게 위해 '도박'을 하는 자들이 배우자를 선택하고 후손을 남길 수 있는 확률이 높았다. 그리고 그런 남자들의 특성을 가진 후손이 현생 인류다.

주변을 둘러보면 다시는 나쁜 남자를 만나지 말아야지 울면서 후회하지만 잘못을 반복하는 여자들이 있다. 왜 나쁜 남자들이 인기가 있을까? 안정적인 결혼 상태에서는 분명 나쁜 '단점'이 되지만 거칠고 재미있고 호탕한 그 '남자다운' 품성이 이성에게 매력적인 '장점'이 되기 때문이다.

이러한 '남성성'을 높은 소득을 얻게 하는 요인이라고 하면 매우 좋은 것으로 보인다. 고와 스톱 사이에서 못 먹어도 고를 외치는 남성들 중 살아남아 고수익을 얻은 소수는 우두머리 수컷이란 지위를 획득했다. 하지만 남성성은 집단의 평균 수명을 깎아먹는 요인이기도 하다. 스톱해야 할 때를 알지 못하고 고만 하다보면 크게 잃기도 하는 법이다. 남성들은 여성에 비해 과격하고 말도 안 되는 행동에서 오는 사망률이 높다.

이를 이해하면 사회 상층부에 여성보다 남성이 많다는 사실이 남성의 우월성과 여성의 열등함을 설명하지 않는다는 걸 알 수 있다. 오히려 대다수의 남성들이 분개해야 할 일부다처제 사회의 산물이다. 이전 역사 속에서 다수의 남성은 전쟁, 재난이 발생하면 아이와 여자는 살리고, 자신은 죽는 소모품이었다. 남존여비의 사회를 상상하면 떵떵거리는 남자와 굽신거리는 여자를 떠올리지만 다수의 남자는 떵떵거릴 여자도 없이 죽어나갔다. 피라미드 구조상 대다수의 남성은 이 소모품의 자리에 위치하고 있지만 아직도 옛 사회를 추억하는 사람들은 자신이 우두머리 수컷이라는 환상에 빠져있는 듯하다.

11시 59분까지 우두머리 수컷이 존재하는 일부다처제 사회를 살던 인류가 근대 이후 일부일처제 사회를 살아가기 때문에 문제는 발생할 수밖에 없다.[26] 기존 사회는 확실히 남성적이어야 살아남기 유리한 사회였다. 강한 신체, 위험에 도전하는 정신 등이 덕목이었다. 그러나 앞으로 우리 인류가 적응해야 할 미래사회의 모습은 과거와 같으리란 보장이 없다.

이야기가 길었다. 진화심리학에서 알 수 있는 남녀 성차에 대한 이야기를 3가지로 정리해 보고 다음 장으로 넘어가자.

---

[26] 『불안』(알랭 드 보통 지음, 은행나무, 2011)에서 낭만적 사랑에 대해 풀이한 부분은 읽어볼 만하다.

워마드는 불편하지만 페미니즘은 해야 해

(가) 남녀 성차는 생리적으로 타고난 것과 환경으로 인해 후천적으로 만들어지는 것의 복합이다.

(나) 과거에 유리해 보였던 성별 특수성은 환경이 변하면서 유리함이 사라질 수도 있다.

(다) 성차는 집단으로 관측했을 때 보이는 경향성일 뿐 개체의 특수성은 설명할 수 없다.

먼저 (가)를 보자. 남성과 여성은 성염색체에 차이가 있고 테스토스테론과 에스트로겐은 각각 발달의 차이를 만든다. 그리고 인간이 지구라는 행성에 문명이란 자취를 남기는 과정에서 척박한 자연환경은 다양성을 전부 보전시키지는 않았다. 세대를 거듭할수록 많은 개체가 죽고 새로 태어났다. 이를 거듭하며 남성과 여성 중 살아남은 개체들의 특징이 갈수록 뚜렷해졌고, 이에 대해 남성성과 여성성이란 특성 또한 강해졌다.

이것을 생각해보면 남성성, 여성성이란 것은 물리적인 성(Sex)에서 비롯되었지만 사회적으로 영향(Gender) 받았음을 알 수 있다. 미국의 인류학자인 미드는 서로 근접해 있지만 각각 남녀 성역할이 다른 챔블리족, 몬두구머족, 아라페시족을 통해 성역할이 고정되어 있지 않음을 밝혔다.[27] 똑같은 염색체

배열을 가진 인류이기에 각 국가별로 남성성과 여성성은 '비슷'하지만 환경에서 비롯된 '차이' 또한 존재한다.

이러한 관점에서 일부일처제가 확립된 근대 이후 한 세기만에 '초식남'[28]이란 용어가 등장한 것은 의미심장하게 읽힌다. 이전 시대에서 거칠고 강한 남성이 우위였지만 가까운 미래엔 아닐 수도 있다. 인류의 시계를 보면 근대 이전까지의 사회는 마치 '고정'된 것처럼 큰 변화 없이 너무 비슷하게 살았다. 하지만 근대 이후로 문명과 사회는 매우 빠르게 변화하였다. 남성성과 여성성의 변화 또한 이전보다 급격하게 이뤄질지도 모른다.

다음은 (나) 문장이다. 우리 사회는 노동집약적 사회에서 기술집약적 사회, 그리고 지식집약적 사회로 계속해서 변화했다. 각 사회별로 유용한 능력은 다르고, 우리는 이에 맞춰서 자신의 능력을 키워나가야 한다. 그러나 근대 이후로 우리 사

---

27 『세 부족 사회에서의 성과 기질』, 마가렛 미드 지음, 이화여자대학교 출판부, 1996.
28 초식 동물처럼 온순한 남자. 주로 여성과의 연애에 관심 없고 자기 취미에 몰두하는 사람을 지칭한다.

회의 모습은 매우 빠르게 변화하고 있다는 것을 고려해야 한다. 우리 인간은 문명의 진화 속도를 따라가지 못하고 있다. 때문에 남성성과 여성성이란 꼬리표는 진화의 과정에서 한때 유리한 성질로 붙여졌지만, 현대사회에선 이 꼬리표가 유의미하지 않을 수 있다.

따라서 성차에 따른 특성 자체를 우월하다고 주장하는 것은 어불성설이다. 우월함은 기준이 있어야 성립하는 개념이다. 밭을 가는 작업과 반도체를 만드는 작업에서 신체적인 능력의 중요도는 차이가 난다. 농업사회의 이점이 지식집약적 사회에서도 통하리란 법은 없다.

마지막으로 (다) 문장이다. 남성성과 여성성의 차이는 인정하지만 어디까지나 경향성이지 개인의 편차는 있을 수 있고, 무엇보다 이는 노력으로 극복할 수 없는 문제도 아니다.

남초집단, 여초집단을 비교해보면 자연스럽게 남성성, 여성성을 느낄 수 있다. 일용직 막노동 아르바이트를 가면 남자들이 모여 정말 말없이 일만 하고 간다. 점심을 먹을 때까지 서로 이름, 나이도 묻지 않고서 자연스럽게 누가 무슨 역할을 할지 역할 배분만 빠르게 한다. 반면 여자들이 많은 모임에 들어가면 대화가 많다. 다른 사람의 이야기에 대해 공감하고 반응하는 말들이 남자들보다 훨씬 더 많다. 그러나 그 평균적 집단 속엔 여성적인 남자도, 남성적인 여자도 있다. 유독 다른 사람에게 말을 거는 남자도, 다른 사람과 말하기가 어려운 여자도 존재한다.

집단으로 봤을 때 여성집단이 남성집단보다 공감능력이 있다고 하지만, 남성의 공감능력이 불능인 것도 아니며 남성 가운데에도 공감능력이 뛰어난 사람이 있을 수도 있다. 심리학자 융은 남성 안에 여성성, 여성 안에 남성성을 아니마와 아니무스라고 칭했다. 남녀 모두는 서로의 성격을 지니고 있으며 그 양의 차이에 따라 우세한 한쪽 면의 성격이 두드러지게 보이나 다른 쪽의 성질이 아예 없는 것이 아니다.

우리는 유전자를 연구한다. 비만 유전자, 폭력 유전자처럼 특정 유전자가 특정 행동을 일으킬 확률이 높을 수 있다는 사실도 밝혀내고 있지만, 이를 통해서 영화 〈가타카〉[29]마냥 유전자를 통해 사람의 직업을 제한시키지는 않는다.

---

[29] 앤드류 니콜 감독 작(1997년). 유전자로 모든 것이 예측 가능해 태어날 때부터 직업과 신분이 정해진 미래 사회를 그린 SF영화.

그 이유는 첫째로 과학이 밝혀낸 인간 유전자 영역이 완벽하지 않기 때문이다. 폭력성을 생기는 유전자를 찾았다고 해도 이 유전자를 없앴다가 어떠한 상호작용을 일으킬지 알 수 없다.

둘째로 자연을 완벽하게 예측하는 것도 불가능하기 때문이다. 현대 사회의 관점에서 좋은 것을 추구하는 행위라도 아일랜드 대기근[30]마냥 자연이 급변했을 때 적응을 못하게 만들 수 있다. 인류는 어디까지나 남자와 여자를 집단으로 조사했을 때 통계적으로 보이는 평균적인 결과 값에 대해서 해석을 할 뿐이다. 개개인에 대한 완벽한 예측은 불가능하다.

더욱이 우리가 살고 있는 이 나라는 평등하고 자유로운 민주주의 국가이다. 국가는 노력에 의해 개인의 꿈이 자유로울 수 있음을 보장해야 한다. 타고난 성별로 개인의 행동을 제약한다면 그것은 잘못된 사회다.

---

30 19세기 중반 아일랜드는 척박한 기후 탓에 한 품종의 감자에 집중하여 재배하였다. 유럽에 감자마름병이 돌면서 아일랜드에서 수많은 사망자가 발생했다.

3. 그래서 단발은
누가 금했는데?

무엇이 차별을 만들었는가?

앞 장에서 남녀 차이에 대해서 이야기했다. 하지만 우리 사회엔 남녀 차이가 아닌 남녀 차별이 엄연히 존재한다. 남성성과 여성성은 인정하겠지만 성별 고정관념에 대해선 반대한다. 여자는 남자에 비해서 조직생활에 적합하지 않으니 같이 일하기 싫다는 식의 고정관념 말이다.

우리 사회에는 왜 차별이 있는 것일까? 도대체 단발은 누가 금한 것일까? 성차별은 무엇이 만든 것인가? 혹시 남성집단의 음모가 있는 것이 아닐까? 우리는 차별에 반대하기 위해서, 차별의 탄생에 대해 알아볼 필요가 있다. 이 장에선 근대 이전 사회의 형성을 간략하게 알아볼 것이다. 이후 근대와 현대를 집중적으로 살펴볼 것이다.

'여성'은 페미니즘 자격증이 아니다

왜 페미니즘 이야기를 하다가 역사 공부를 해야 하느냐고, 논점을 흐린다는 주장이 나올 수도 있다. 이것이 워마드가 운동권과 남성의 지지, 자기들과 성격이 다른 여성단체와 스까페미의 협력을 거부하는 이유다. 성별 문제를 다른 문제로 변질시켜 여성운동의 원동력을 약화시킨다는 것이다.

그러나 여성이란 이유만으로 태어나자마자 페미니즘 전문가가 되는 것은 아니다. 우리는 사람으로 태어나서 사회를 이루고 살지만 우리 모두가 심리학, 사회학에 정통한 전문가는 아니다. 심리학과 사회학 전문가들은 스스로를 이해하기 위해 끊임없는 노력을 한 사람들이다.

마찬가지로 성별과 관련 없이 페미니즘을 주장하고 싶다면 왜 남녀가 차이가 생겼는지 생물학적으로 공부하고, 왜 성별에 따른 차별이 생겼는지 사회학적 분석을 해야 한다. 문제인식이 앞서야 올바른 해결방법을 찾을 수 있기 때문이다. 사회의 기득권을 획득한 남성 젠더에 대항하여 다양한 가치를 주장하고자 할 때면 골치 아프다. 사회를 파악하고, 무엇이 잘못되었는지 분석해야 하고, 개선법을 궁리해야 한다. 그러나 소수자에 대한 연대도, 어떠한 책임도 없이 남성에 대한 혐오만하기 위해서는 군중을 선동시킬 떡밥과 인스타에 올릴 수 있는 말솜씨만 있으면 된다. 그러니 우리의 페미니즘이 혐오 이상의 것이 되기 위해선 페미니즘 학문 외에도 눈을 돌려야 할 것이다.

여성신보다 남성신이 더 많은 이유

남성과 여성은 차이가 있다. 모든 차이가 반드시 차별을 만드는 것은 아니지만 과거 사회를 보면 성차별이 발견된다. 원시부족 사회에서 여성추장보다 남성추장이 훨씬 더 많고, 여성신보다 남성신이 더 많으며, 부계제나 남편 중심거주제는 모계제나 아내 중심거주제보다 더 빈번하게 발견된다. 도대체 왜 이런 차이가 생겼을까? 이에 대한 해석은 학자마다 다르다.

워마드는 불편하지만 페미니즘은 해야 해

정치적 이론은 인구압력을 통제하기 위해 신생여아를 살해하는 과정[31]에서 남성 우월주의 콤플렉스가 생겼으며 전쟁이 남성을 공격적으로 만들었다고 주장한다.

생물진화론적 이론은 태생적인 차이가 있어 남성은 사냥, 전쟁, 집단 보호를 맡고, 여성은 육아를 하게 되었다는 주장도 있다.

유물론적 이론에선 남성의 지위는 경제력에서 나온다. 수렵채취 사회에서는 육류를 사냥하는 남성의 지위가 더 높았다. 반면 원예사회[32]에서는 여성들의 활동이 많아진다. 원예사회 역시 남성에 의한 여성 착취가 있었으나, 수렵채취 사회와 비교하면 여성들의 지위가 상대적으로 높았다. 그러다 다시 소유개념이 생기는 농경사회로 접어들면서 남성(외부집단의 자원을 획득하는 전쟁을 담당하는 성별)의 지위가 다시 높아진다.

생물진화론적 이론은 차이를 설명했지만 유물론적 이론은 경제력을 이용해 차이에서 비롯된 차별을 설명하여 사냥, 전쟁을 담당하는 집단이 왜 육아를 담당하는 집단보다 우위에

---

31 인구조절 측면에서 남아살해는 인구 조절에 별 도움이 되지 못하였다. 남아는 한 명만 살아남아도 다수의 여성과 후손 생산이 가능하기 때문이다.

32 수렵채취-〉단순원예-〉집약원예-〉농경사회.

섰는지를 설명한다.

이렇듯 남성과 여성의 불평등은 생물학적 '차이'에 근거하지만, 경제적 요인이 더 크게 작용하였다고 본다. 예컨대 인류라는 종이 지구가 아니라 자원 획득을 위해 사냥보다 원예가 더 효율적인 행성에 정착했다고 가정해보자. 이 행성에서도 남성과 여성은 성염색체에 따른 '차이'는 있을 테지만 지구와 같은 '차별'은 없거나 역전이 되었을 수도 있다는 것이다.

그러나 지금 이곳, 지구 행성을 둘러보면 국가의 형성은 어느 곳이나 비슷하게 진행되었다. 씨족사회가 부족사회로, 부족연맹체에서 고대국가로 가는 과정에서 대다수의 국가는 농경사회로 자리 잡았다. 그리고 노동집약적인 농업사회와 전쟁이 많은 환경은 남성이 권력을 잡기에 유리했다. 그렇기 때문에 남성은 여성보다 우위에 있었다. 이 과정에서 살아남기 유리한 '남성성'과 '여성성' 또한 만들어졌다. 넓은 골반 선호에는 다산이 연관되어 있는 것처럼 여성의 장발은 건강함과 관련이 있다. 윤기나는 긴 머리는 건강함을 뜻한다. 생산성이 중요한 농업사회에서 건강은 중요한 미덕이었다.

유행 지난 춤을 연습하는 연습생에게

이렇게 이해를 하면 '남자답게'라는 고정관념은 농경사회, 일부다처제 사회, 전쟁사회의 미덕일 뿐이다. 키가 크고 다부진 어깨를 좋아하고, 무슨 일이 있어도 울지 않는 남자들에게 나타나는 이런 '남자답게'의 미덕은 경쟁에 유리하고 지위 상승에 도움이 되는 측면도 있다. 그렇기 때문에 '남자답게'의 매력이 후손들에게 전달된 것이다.

그러나 지금 우리가 살고 있는 사회는 거칠고 야만적인 사회가 아니다. 앞서 많은 지면을 할애하여 굳이 남성성과 여성성을 기술한 이유다. 우리는 남성성과 여성성을 알아야 한다. 이것들이 어떠한 욕망에서 탄생하였고, 왜 자연이란 소속사에게 선택 받았는지 알 수 있어야 한다. 그리고 지금 우리 사회를 바라보면, 남성주의에 매달리는 사람은 철 지난 소속사에서 준비하는 연습생처럼 느껴진다.

"그래도 여자애보다는 남자애가 일을 더 잘하지."
"일할 때 쓸데없이 감정적이어서 여자는 싫어."

이런 식의 말을 들어보자. 현대사회에서 농업사회의 미덕을 무조건적으로 따라야 할까? 획득할 수 있는 자원보다 먹여야 할 입이 많을 땐 여아살해를 통해 인구를 조절하던 시대의 풍습을? 이것이 남성에게 유리한가? '여성과 아이 우선' 구호는 철저한 개인주의 사회에선 터무니없는 소리처럼 들릴 수 있다. 하지만 민족주의, 공동체주의로 생각하면 이해하기 쉽다. 위급한 상황일 때 여자와 아이는 사회 보전에 중요하지만, 다수의 남자는 희생당해도 그 사회를 지탱하는데 문제없는 소모품이다.

유물론적 이론은 거시적으로 왜 서로 다른 문화권이라도 비슷한 문명단계를 거친 국가 안에서 성불평등이 있는지를 설명한다. 하지만 미시적으로 접근해 왜 문화권, 시대별로 차별의 정도에 차이가 있는지는 유물론적 이론 외에 다른 분석이 필요하다. 같은 시대를 비교했을 때 동양과 서양의 문화 차이가 있고, 우리나라를 분석했을 때 고려는 조선보다 성불평등이 적었던 것으로 기록된다.

그렇다면 차별을 심화시키는 요인은 다른 곳에서 찾아봐야 한다. 4장에서는 근대 이전 사회에서 왜 남성이 여성보다 우위에 서 있었는지 현상에 대한 해석을 했을 뿐이다. 다음 5장에서는 우리 사회의 문제를 근대 이후의 모습에 초점을 맞추

워마드는 불편하지만 페미니즘은 해야 해

고자 한다. 단순히 조선을 계승한 나라이기 때문에 성차별이 심한 것일까? 유교문화의 영향만 생각한다면 지금 우리 사회는 인의예지 정신 또한 강하게 남아있어야 한다. 또한 조선에서 이어졌다고 과연 남한과 북한의 성차별이 같은 양상일까?

한국은 100년도 안 되는 시간 동안 절대빈곤의 땅에서 해외여행을 자유롭게 다니는 국가가 되었다. 너무나도 급격한 근대화 과정에서 우리가 놓친 것이 너무도 많다. 세계 어느 나라보다 빠른 근대화를 이끈 국가, 한강의 기적을 보여준 대한민국! 1950년부터 우리나라에 무슨 일이 있었는지 살펴보자.

5장

미스터 인크레더블과 N포 세대

1. 1950–60년대 : 지갑에서 나오는 당당함

1950년대 : 가족 중심 공동체

1950년대는 한국전쟁이 있었다. 전후, 세계 어디를 둘러봐도 대한민국보다 못 사는 국가를 찾기 힘들 정도로 한반도는 절대빈곤의 땅이었다. 동시에 베이비붐 세대이기도 하다. 당시 한국은 농업사회였고 농업사회에서 가족은 노동과 생산의 단위였다. 구성원의 숫자를 늘리는 것은 곧 노동력의 증대로 이어졌다. 또한 전쟁이 끝나면서 사망률이 감소하였고 북한에서 남하하는 사람들이 있었다. 이런 요인들은 출생율의 증가와

더불어 남한인구를 급증시켰다.

인구는 늘어났지만 아직 사회는 혼란스러웠다. 피난으로 삶의 터전이 갑작스레 바뀐 사람들도 많았다. 파괴된 낯선 땅에서 살아남기 위해 믿을 것은 가족밖에 없었다. 이 시기에 가족의 성격을 보면 혈연으로 맺어진 노동공동체였다. '내 핏줄'이라는 정체성을 통해 우리를 공고히 하였고 성인은 물론 애들까지, 가족 전체가 밭에서 농사를 했다. 하루 종일 고된 일을 같이 했기 때문에 현대보다 가족의 유대감이 더 끈끈할 수밖에 없다. 벼농사는 고도의 노동집약적 경작 형태라서, 동아시아의 벼농사를 짓던 지역을 위주로 공동체 문화가 생겼다는 학설도 있을 정도다.

정부는 전후 재건 사업을 가장 우선시하였다. 하지만 아직 국가가 제대로 된 기능을 하지 못하고 있었다. 정부는 최대한으로 경제적 기능 회복에 초점을 맞추었고 민간을 향한 도움은 정책이 아닌 구호 차원에서 미아 부모 찾기, 난민보호사업, 주택사업 등을 벌였다. 임시적으로 생활안정법이 나왔지만 응급조치에 불과했다. 어떻게 할 도리가 없었다. 사방에서 문제가 터지던 시절이다. 모든 걸 해결할 수 없었고 일단 경제부터 살려야 했다.

1960년대 : 일과 가족의 분리

1960년대에도 인구는 계속해서 늘어났다. 이촌향도가 서서히 진행되는 시기로 산업 자본주의가 팽창했지만 부작용으로 가족문제가 발생한 시기이기도 했다. 농촌 인구가 도시로 이동하기 시작하였고 도시를 중심으로 자유연애와 핵가족이 등장하며 도시, 농촌 간 가족에 대한 가치관이 바뀌기 시작했고 그로 인해 여러 가지 문제가 발생하였다.

하지만 정부의 대응책은 미미했다. 가족 공동체가 끈끈한 시절, 국가는 가정의 영역에 대해 방임하였고 각 가정의 일은 가족 내에서 해결하는 것이 일반적이었다. 그리고 가정은 가장의 영역이었다. 아무리 국가라도 감히 가장의 영역에 침범할 수 없었다. 게다가 정부의 목표는 국가 경제성장이었다. 가정의 영역까지 눈을 돌릴 여유도 없었다. 유일하게 국가가 적극적으로 가정의 영역에 간섭을 한 정책이 산아제한 정책이었다. 산업주의 국가는 농업주의 국가와 다르게 인구수가 생산력을 뜻하지 않는다. 그래서 정부는 산아제한정책을 실시하였고 '일시적으로' 가정의 빈곤 해소와 투자 증대를 이끌었다.

정부는 가정보다는 경제에 초점을 맞추었고 새마을 운동을 추진하였다. 기업은 노동력 확보를 위해 젊은 남성의 일을 장려했다. 이촌향도는 모든 가족의 이동을 뜻하지 않는다. 도시를 중심으로 생긴 공업단지에 인력이 필요했지만 농업주의 사회였던 당시 사람들에게 자기 땅이 있는 고향을 두고 온가족이 이동을 하기란 불가능했다. 공장을 돌리는데 더 적합한 젊고 힘 있는 남성들을 위주로 이동이 시작되었다. 이러한 이동은 사회적, 경제적, 문화적 변화를 만들었다. 가족 전체가 노동과 생산의 단위였던 농업사회와 다르게 산업사회에선 남자의 역할이 일, 여자의 역할이 양육으로 분리되었다.

1950-60년대 정리-차별의 원인 1 : Mr. Incredible 신화

1950-60년대를 보면 불가능한 것이 없는 '가장'의 신화가 만들어진다. 이 과정을 살펴보면 성차별의 원인 중 하나로 경제적 불균형이 보인다.

한국전쟁 직후에 국가의 기능은 약했고 가정을 중심으로 뭉칠 수밖에 없었다. 가족 울타리 외부에 있는 사람들이 감히 '남의 가정'을 간섭할 수 없는 사회 분위기가 한몫을 했다. 그리고 가정의 권력자는 경제권을 독점한 남성 가장이었다.

이 시기 노동시장을 살펴보면 남성은 여성보다 우위에 있었다. 농업 사회에서 남성의 육체는 여성에 비해 상대적으로 노

워마드는 불편하지만 페미니즘은 해야 해

동에 더 적합했다. 산업 사회 또한 마찬가지다. 일과 가정이 분리되었고 일의 영역은 남성이 맡게 되었다.

하지만 노동시장의 우위, 일과 가정의 분리만으로 설명하기에는 5-60년대 남성 가장들에겐 비정상적으로 권위가 많이 주어졌다. 이는 전쟁으로 파괴된 사회를 재건해야 한다는 극단적인 상황을 보면 이해할 수 있다.

'한강의 기적'을 돌아보면 독한 일화들이 많다. '이 사업이 실패하면 다 같이 한강 물에 빠져죽자'고 외친 후 일터에 나가던 시절이었다. 보통 정신으로는 살아남을 수가 없었을 것이다. 이 시기 일터에 나가는 가장들은 권위만큼 책임 또한 비정상적으로 많았다. 남자들은 한국전쟁과 월남파병을 거친 후 군부독재의 계획경제 아래에서, 군대를 닮은 조직문화가 팽배한 일터에서 근무하였다. 그들이 집에 돌아와서 상명하복을 중요하게 생각하는 가부장이 된 것이 이상하지 않다.

종합적으로 가족집약적인 사회에서 태어났기 때문에 가장이 가족 구성원들에게 간섭하는 것을 옳다고 생각하고, 남성 위주의 노동시장에서 여성은 남성이 책임지는 존재 정도로 격하시키는 일이 이 시기에 발견된다. 그리고 이러한 상황은 전후라는 극단적인 환경으로 인해 극대화되었다.

이 시기의 남성을 이해하기 위해선 영화 〈국제시장〉[33]에서 가정을 책임지기 위해 처절하게 사는 덕수를 보면 된다. 배우 황정민이 연기한 덕수는 6·25전쟁 탓에 부산으로 피난, 가족을 잃고 혈혈단신으로 가정을 꾸린 가장이다. 남동생의 등록금을 위해 독일 탄광에 갔다가 죽을 뻔하고, 가게 자금을 마련하기 위한 베트남전 파병에선 총에 맞아 다리를 절게 된다.

덕수는 힘들고 무섭지만 독일과 베트남으로 가야만 했다. 딴 사람은 몰라도 가장은 그래야만 했기 때문이다. 그만큼 가장은 불가능한 것 없이 인크레더블한 모습을 보여 왔었다. 하지만 그들의 넘치는 책임감은 때로는 자기 자신을 피곤하게 만들고 주변 가족을 또한 힘들게 만든다. 〈국제시장〉을 한남 영화로 비꼬는 사람들이 있는 이유다. 영화 속에서 덕수는 그나마 받아줄 만하게 '성질이 좀 꼬인' 정도로 나온다. 하지만 이 시기에 모든 책임을 다한 가장이 권력을 행패처럼 부리는 가부장으로 변질된 경우도 있다. '가장이 말하는데 어디서 말대꾸야!', '가장이 숟갈을 뜨지도 않았는데 감히!' 등 가부장적인 태도로 다른 가족들 위에 군림한 가장은 집안의 권력자

---

33 윤제균 감독 작(2014년).

위마드는 불편하지만 페미니즘은 해야 해

가 되었다.

　가장을 비판해선 안 되지만 가부장은 비판받아 마땅하다. 따라서 이 영화는 누군가에겐 한국 역사의 재조명이고 힘든 우리 인생에 대한 격려로 볼 수도 있지만 누군가에겐 권위적인 구시대 한남들의 변명으로 보이는 것이다.

　그렇다면 '가족을 먹여 살려야' 하기 위해 '자신이 완벽'해야 한다고 절규하는 또 다른 가장을 보자. 히어로 가족이 나오는 픽사의 애니메이션 영화 〈인크레더블 2(Incredibles 2)〉[34]를 보면 혼자서 모든 것을 책임지려고 하는 가장, 밥(히어로 명 Mr. Incredible)이 나온다. 밥은 엄청난 괴력으로 악당들을 해치우는 '미스터 인크레더블'이었지만 히어로 등록법이 바뀌면서 실직하게 된다. 정부의 지원이 끊긴 밥은 가족을 먹여살리기 위해 애를 쓰지만 마음대로 안 된다.

　어느 날 부인인 헬렌에게 일이 들어와 밥이 잠시 동안 아이들의 육아를 맡게 된다. 처음에 밥은 자신이 모든 걸 완벽하게 통제할 수 있으리라 생각하지만 갈수록 엉망이 되는 집안

34　브래드 버드 감독 작(2018년).

을 목격한다. 딸과 아들이 왜 이렇게 집안이 엉망이냐고 시끄럽게 떠드는 상황, 밥은 스트레스가 머리끝까지 치민다.

만약 이 상황에서 끝까지 자존심을 부리고 자신의 잘못을 인정하지 않았다면 밥은 꼰대가 되었을 것이다. 하지만 밥은 여느 꼰대들과는 달리 당신의 부족함을 인정한다. 그는 자식들에게 '어디서 감히 아빠에게 대들어!'라고 소리치는 대신 자신 또한 적응할 시간이 필요하다고 고백한다.

일터에서 밥은 엄청난 괴력으로 불가능한 것이 없어 보이는 '미스터 인크레더블'이지만, 가장 밥은 '인크레더블'이 아니다. 그 또한 배워야 할 것이 많은 부족한 인간이다. 밥이 이를 인정하고 자신의 어깨에서 책임감을 내려놓는 순간, 딸 바이올렛이 밥에게 말한다. 아빠 이미 'SUPER'하다고.

5-60년대에 가장은 책임감 위에 쌓아올려진 면류관이나 다름없었다. 영광스럽지만 타인과 자신을 상처 입히는 가시가 가득하다. 그동안 고생한 가장의 책임감은 이해한다. 그러나 과도한 책임감은 전후라는 혹독한 조건에서 만들어진 결과다. 지금 당신이 발을 딛고 사는 세상은 아직도 전쟁터인가? 가장은 아이들에게 가부장이 될 수도, 가장 좋은 후원자가 될 수도 있다. 머리 위 면류관은 영광스럽지만 자신과 가족 모

워마드는 불편하지만 페미니즘은 해야 해

두에게 치명적인 가시로 위협할 수도 있다. 면류관을 내려놓자. 그런 것 없이도 가장은 이미 슈퍼하니까.

2. 1970 – 80년대 :
호황에 가려진 각종 문제

1970년대 : 슬며시 고개를 드는 문제점들

이촌향도를 통해 도시에 올라온 사람들이 새로 가정을 꾸리면서 핵가족이 확산되었다. 집안 어른이 중심이 되던 농촌의 대가족과 달리 도시에는 부부 중심의 가치관이 확산되었다. 공동체주의를 벗어나 개인주의 가치관 또한 널리 퍼졌다.

교육 수준이 높아지고 여성 취업이 증대되었다. 하지만 아직도 일과 가정의 영역은 성별로 구분되었다. 평균수명 증가로 점차 노인부양비도 높아지던 시기였다. 집안일 외에도 자

워마드는 불편하지만 페미니즘은 해야 해

식양육과 부모님 부양 문제가 있지만 이는 여성에게만 부담하였다.

이와 관련된 국가 정책은 여전히 부재하였다. 70년대 역시 가정정책은 가족책임주의로 국가의 비개입주의 태도를 고수해왔다. 사회복지제도가 시작되었지만 가사노동 분배, 보육, 양육, 고령자 간병자 수요에 대한 사회적 대응은 미미하였고 모든 사회적 가치는 경제성장에 집중되었다. 이렇게 국가가 오랜 시간 경제성장에만 집중한 결과, 그 결실이 점차 꽃을 피우기 시작했다.

1980년대 : 고개 든 문제들을 덮은 경제 호황

80년대는 해외여행 자율화, 88올림픽을 통해 서구 문물이 이전보다 대거 유입되고 가치관의 급격한 변화가 생기는 역동적 급변기였다. 동시에 일자리가 넘쳐나는 호황기였다. 식당에 들어갈 때 문을 열어주는 직업이 있었던 시절이었다. 반면 계층 간 격차가 생기며 소득 분배 불균형과 빈곤의 악순환도 시작된 시기였다.

교육 수준이 높아져 대학 진학이 크게 늘어났다. 당연히 고학력 여성도 증대했으며 여성의 사회적 진출도 더 활발해졌다. 동시에 여성의 문제가 쟁점화되기 시작하였다. 맞벌이 부부가 늘었지만 여전히 집안일은 여성에게만 맡겨졌다. 여성이 밖에서도 일을 하고 집안에서도 일을 하는 '세컨드 시프트'[35]를 문제로 인식하게 되었다.

그러나 여성문제의 적극적인 해결책이 나오지는 않았다. 이러한 문제들이 있어도 우리나라는 계속해서 경제성장을 유지하고 호황기를 누리고 있었다. 상처는 곪을지언정 터지지는 않았다. 80년대 호황기 시절에는 남성이 혼자 벌어도 4인 가족을 부양할 수 있었다. 여성의 경력단절과 세컨드 시프트가 큰 문제로 인식되기보다는 '그러면 일을 그만두면 되지 않아?'라는 반응이 일반적이었다. 여성 맞벌이 인구가 많지도, 가계 경제에서 차지하는 부분이 그리 크지도 않았다.

60년대 산업화 이후 누적된 문제가 사회 여기저기서 곪고만 있었던 것이다. 가정 내에서 자녀양육문제, 고부갈등 등의 문제가 여전하고 이혼율이 높아지던 시기였지만 경제호황으로

---

[35] 2번째 일. 밖에서 일을 하고 온 여성이 집 안에서 2번째 일(Second shift)을 한다는 뜻.

이런 문제들을 심각하게 받아들이지 않을 수 있었다. 그리고 이는 90년대에 찾아온 외환위기(IMF)라는 반갑지 않은 손님을 맞이해 결국 문제가 터지게 된다.

1970-80년대 정리-차별의 원인 2 : 유명무실한 정부정책

70년대와 80년대를 둘러보면 여성들이 살기 너무도 힘든 시기였다. 5-60년대 미스터 인크레더블이 고생한 덕분에 경제 호황기를 맞게 되었지만 7-80년대 신여성들이 사회에 진출하기엔 그들이 만든 카르텔은 너무도 견고했다. 남성들이 먼저 장악한 일터에 여성들이 후발주자로 들어오려 하니 아무리 애를 써도 힘들 수밖에 없었다. 이것을 조정하기 위해서는 국가 차원의 간섭이 필요했지만 국가는 비개입주의를 고수하였다. 주변을 둘러봐도 '여자는 빨리 결혼해서 애 낳고 일을 그만 둬야지.'라는 식의 반응이 일반적이었다.

50년대부터 한결같이 경제성장에 집중하며 다른 문제를 도외시한 정부에 대해서 답답하게 느낄 수도 있다. 하지만 전쟁으로 피폐해진 국가, 정전 상태일 뿐 위협적인 북한의 존재, 혼란스러운 사회였다. 경제성장이 최우선이었던 것은 그 시대에서 합리적인 선택이었을 수 있다. 현대에 와서 우리가 과거를 비난하는 것은 아무런 소용이 없다. 그 대신 비판을 통해 앞으로 방향 설정을 하는 것이 필요하다.

그동안의 역사를 보면 정부 정책이 어떠한 방향성을 띠고 있느냐에 따라 사회 변화에 큰 영향을 끼친다. 무조건적으로 경제성장에만 초점을 맞추었기 때문에 산아제한 정책 같이 오랜 시간 사회에 피해를 끼치는 정책이 나온 것처럼, 다양한 요인을 고려하지 않으면 근시안적인 미봉책만 나오기 마련이다.

7-80년대에 많은 법들이 나왔다. 소득지원정책과 일가족 양립을 지원하고, 사회보험, 노령퇴직연금, 고용보험 등이 정착되는 시기였다. 남녀 고용평등법, 모성보호 정책, 육아휴직, 보육시설 의무화 등이 법으로 명시된 시기였다. 그러나 규정이 명확하지 않았고 정부에서 강하게 단속하기보다 사업주가 알아서 하도록 방임을 하였다. 한 마디로 유명무실했다. 그 결과 오히려 사업주 사이에서 여성기피 현상이 나타나기도 했다. 정부가 직접적으로 나서서 단속하진 않았지만 관련 지침이 있기 때문에 혹시나 나중에 불똥이 튀지 않을까 두려운 고용주들이 아예 여성을 고용하지 않은 것이다. 여성을 위해 만들어진 법이 여성을 목을 옭아매는 꼴이 된 것이다.

기업의 여성노동 기피는 단순하게 여성문제로만 볼 수 없다. 여성의 노동력을 중요하게 생각하지 않은 기업들은 여성의 경력단절 문제를 중요하게 생각하지 않았고 출산에 대한 배려를 하지 않았다. 오히려 여성이란 임신을 하면 떠나는 임시직에 맞는다고 생각해 여성을 기피하였다.

　그러자 여성들 사이에서 가족을 족쇄로 느끼는 사람들이 나타났다. 힘들게 고학력을 취득하여 산업전선에 뛰어들었지만 출산은 일에 대한 장애가 되었고, 결혼하고 일을 시작하니 가정일마저도 여성의 몫으로 남게 되었다.

　80년대는 이혼이 늘어나면서 '가족의 와해'라는 단어가 등장했다. 이런 상황은 90년대 이후로도 지속되어 '가족의 붕괴', '가족의 해체'로까지 이어졌고 현재에는 인구감소 문제로 번져 국가 차원에서 시급히 해결하지 않으면 앞으로 다양한 문제를 일으킬 수 있는 상황이 되었다. 결국 여성문제는 가정, 경제 등 다양한 사회 문제로까지 확대된다.

　따라서 여성문제는 단순하게 여성만의 문제가 아니다. 여성의 취업 문제는 여성 개인의 노력으로 해결하도록 맡겨야 하는 문제가 아니라 정부에서 주도적으로 기업에 개입하여 조정해야 한다. 여성을 위해서가 아니라 우리 모두를 위해서이다.

3. 1990년대 이후 :
시대착오적 남성, 잉여 남성,
억울한 남성

1990년대 : IMF 외환위기

80년대는 경제 호황이었다. 맞벌이 부부로 살다가 출산을
하면서 여성의 경력이 단절되어도 가정 내에서 경제적으로
큰 문제가 생기지 않았다. 남성과 여성의 역할이 구분되어 남
성은 노동, 여성은 돌봄의 역할을 수행하는 것이 가능했다. 경
제는 호황이었고 남자 잘 만나 팔자 고친다는 신데렐라식 스
토리가 팔릴 수 있었다.

워마드는 불편하지만 페미니즘은 해야 해

그러나 90년대 말 외환위기(IMF)가 터지면서 경제호황기가 경기침체기로 바뀐다. 맞벌이가 아니면 가계 운영이 힘들게 되었다. 여성의 경제 활동이 점차 증가하였지만 자녀양육과 노인부양 등 돌봄문제는 여전히 여성의 역할만 가중시켰다. 여성에게는 어머니이자 아내이면서 근로자라는 여러 역할이 중첩되었다.

저출산 또한 사회 문제로 대두되었다. 60년대 시행한 산아제한 정책은 계속해서 사회에 영향을 끼쳐 저출산이란 문제를 야기하였다. 고학력 취득이 점차 일반화되면서 자녀가 성인으로 독립하는 시기도 그만큼 늦춰졌다. 그만큼 초혼 연령과 초산 연령이 높아지고 여성의 가임기간도 줄어들게 되었다. 합계출산율과 사망률은 계속 줄어들면서 노인부양비가 증가하고 잠재성장률의 둔화로 재정 부담이 심화되었다.

앞서 이야기했지만 그동안에도 이런 문제들의 조짐이 있었다. 다만 경제호황기라서 터지지 않았던 문제들인데 외환위기로 불황을 맞게 되자 이 문제들이 본격적으로 대두되기 시작하였다.

국가차원에서도 가족 내에서 생기는 이러한 문제를 사회 문제로 인식하였다. 건강가정기본법을 시행하였고, 저출산 대응정책이 마련되었지만 이미 심화된 문제를 막기엔 역부족이었다.

2000년대 : 시대착오적 남성의 등장

새천년이 열린 2000년대는 82년생 김지영이 사회에 진출한 시대였다. 이 시기에 성인이 된 남성들의 머릿속에는 '가장의 신화'가 박혀있었다. 남성의 권위와 책임이 하늘을 찌를 듯이 높았던 산업화 시대에서 남자(=권위/책임)를 배운 사람들이다. 하지만 막상 사회 진출을 할 때가 되니 그동안 외환위기를 겪으며 사회는 많이 달라져 있었다.

더 이상 남성들만이 미스터 인크레더블이 되어 일터에서 많은 책임을 지지 않는다. 남녀 맞벌이가 보편화되면서 예전처럼 성별 역할도 분리되지 않았고 오히려 여성들이 일과 가정의 영역 양쪽에서 원더우먼처럼 살고 있다. 그렇지만 몸으로 체득한 권위는 하루아침에 사라지지 않는다. 남성들이 가정을 책임지면서 해오던 권위도 봐주기 힘들었는데, 이제는 책임도 없이 권위를 누리려 하니 불화가 가속화될 수밖에 없다.

시대착오적인 남성들은 운영체제가 업그레이드되었는데 소프트웨어가 그대로라서 호환성 에러가 일어나는 것과 같다.

워마드는 불편하지만 페미니즘은 해야 해

사회변화의 속도와 사람들의 의식 변화 속도가 서로 달라 급격하게 변화한 사회에 적응을 하지 못한 남성들, 책임은 이전만큼 지지 못하지만 권리는 이전만큼 누리려는 남성들이 불협화음을 만들었다.

2010년대 이후 1 : 잉여 남성의 등장

2010년대는 잉여 남성이란 단어가 등장한 시대이다. 호황기 부모 밑에서 태어나 IMF 이후 사회에 진출하면서 고학력 잉여 인력이 되어버린 세대이다.

88올림픽 이후를 살고 있는 이들을 부모세대의 가치관으로 바라보면 이해가 안 된다. 대표적인 갈등이 '아프니까 청춘이다'이다. 이전까지는 아파도 노력하면 결과를 보상으로 받을 수 있는 시대였지만 지금은 노력해도 아무것도 보장을 받지 못하는 시대가 되어버렸다. 삼포는 많은 것을 포기하는 다(多)포세대로, 점차 모든 것을 포기하는 다(All)포세대가 되었다.

비혼제도와 1인 가구의 등장을 개인주의, 서구 가치관의 유입으로 아무것도 하지 않고 즐기기만 하려는 태도로 해석하면 안 된다. 이들은 감히 가족을 꾸릴 생각도 하지 못하고 혼자 '생존'하는 것에 집중하는 것이다. 이들이 외치는 욜로[36] 또한 히피족의 문구가 아니다. 비혼과 욜로를 보며 '요즘 것들의 책임감 부족'에 대해 어른들이 혀를 찰 때면 이들은 욜로를 개츠비의 파티[37]라고 생각하는 것 같다. 욜로는 보장된 미래가 없으니 지금'이라도' 즐긴다는 뜻이다. 오죽하면 이들은 즐김마저도 '소확행'[38] 아닌가?

2010년대 이후 2 : 억울한 남성의 탄생

이런 암울한 상황에서 억울한 남성들이 탄생했다. 이들은 농업사회에서 산업사회로 넘어가며 과도한 책임과 권위를 누렸던 남성들도 아니고, 시대착오적으로 책임 없이 권위만 누리려는 남성들도 아니다. 단군 이래로 가장 고스펙을 얻었지만 다포 세대에 태어나 잉여가 되었음에도 페미니즘 열풍은 이들을 전 시대 남자들과 하나로 묶어 '한남'이라 표현했다.

36　YOLO(you live only once) : 한 번 사는 인생, 즐겨라!
37　『위대한 개츠비』는 F. 스콧 피츠제럴드의 소설로 개츠비는 화려한 파티를 자주 열었다.
38　소소하지만 확실한 행복. 감히 큰 행복은 꿈꾸지도 못하고 소소하게 투자를 하지만, 그마저도 투자 대비 성과를 못 누릴까 두려워 확실해야만 투자를 한다.

우두머리 수컷 격인 놀부는 수많은 사람을 착취하고 살았을지 모르지만 같은 남성이라도 흥부는 보통 다수의 사람들과 똑같이 힘들게 살았다. 이럴 때 흥부의 아내가 남성을 몰아내자고 한다고 해보자. 데이트 통장이라도 만들라치면 쪼잔하다고 욕을 먹고 재난이 닥치면 총알받이로 나가야 된다고 교육 받고 막상 사회에 진출하려니 취업도 안 되는데 남성 우월주의 사회라니. '흥부가 기가 막혀'다.

흥부에게 '남성적'인 사회가 좋을까? 이들은 남성이란 이유만으로 권력자나 잠재적 성폭행자 취급을 받고 있는 걸 억울해한다. '남성=권력자'라는 구시대적 패러다임은 남아있지만 남녀 성차를 느끼기에 취업도 안 되고 소득도 많지 않다. 가족을 이루지 못하니 시대를 착오하면서 가부장으로 살 수도 없다. 권리가 없으니 이전과 달리 성별에 따른 책임 부여에 민감하게 반응한다. 구시대적 남자들이 봤을 땐 이들은 감히 '남자답지' 못하게 직장 내에서 남성이라고 차 운전을 담당해야 하고 짐을 나르는 것에 대해 '역차별'이라고 성을 낸다.

억울한 남성들은 페미니즘에 공감을 하지 못한다. 모두가 같이 힘든 상황이더라도 남녀가 서로를 다독이며 이해하길 노력했다면 다포 세대의 남자와 여자는 서로를 위해 힘을 합칠 수도 있었다. 남자들이 해가 진 뒤 돌아다닐 수 있는 자유로움을 권력으로 생각하고 시선강간에 대한 두려움에 같이 소리쳐 반대할 수도 있었다.

하지만 근 3년 동안 한국의 페미니즘이 어떠한 방식으로 대중들에게 다가갔는가? 이렇게 소리쳐야만 관심을 받는다며 과격한 행동에 방패를 달았고 여성끼리의 연대만 고집하여 성별 분리주의를 만들었다.

젊은 남성들이 페미니즘에 무관심하거나 안티 페미니즘에 관심을 갖는 것이 놀랍지 않다. 몰카나 리벤지 포르노는 '내 잘못 아냐'라고 고개를 돌리고, 출산으로 인한 경력단절보다 본인의 취업에만 관심을 집중할 뿐이다. 윗세대, 정확히는 '어머니'의 아픔에 공감하더라도 동년배 '여성'의 아픔엔 '나도 힘들어'란 말로 반박한다.

90년대 이후 정리-차별의 원인 3 : 혼재된 가치관

다 같이 힘들어서 서로 반목하고 갈등하는 사회가 있고 다 같이 힘드니 함께 으쌰으쌰 하는 사회가 있다. 이 두 사회의 차이는 구성원을 하나로 묶을 수 있는 담론이 있는가에 달려 있다.

밀레니엄 이후 '너만 힘드냐? 나도 힘들다'로 외치며 페미니즘에 공감을 못하는 남성들을 생각해보자. 우선 90년대 이후 불황이 찾아오면서 먹고 사는 기본적인 문제가 힘들어졌다. 그 밖의 문제에 관심을 돌리기도 어려워졌다. 하지만 가치관의 혼재에서 오는 문제가 더 많다.

중세 시대에 살던 사람들은 한 평생을 비슷하게 살았다. 청년일 때도 노년에도 사회의 모습은 큰 차이가 없었다. 그러나 한국의 근현대사는 너무도 격변하였다. 1980년대와 2010년대의 모습은 천지개벽을 거친 것처럼 다르다. 그 결과 여러 가치관이 혼재되어 혼란이 가중되었다.

5-60년대 가치관으로 여성을 우습게 보는 사람들은 맞벌이에 육아까지 하는 90년대 여성들을 향해 남자는 일을 더 많이 한다고 외치고, 7-80년대 가부장을 손가락질하면서 남성혐오를 하는 사람들은 비혼과 무자녀를 고집하면서 시집살이의 고달픔을 토로한다. 이렇게 서로 다른 사람들이 여성의 단발, 미러링의 정당성, 군대 문제, 낙태 문제, 출산휴가 등 여러 쟁점들에서 충돌하고 있다. 이들은 서로 다른 시대의 가치관으로 서로 다르게 쳐다보니 담론이 형성되기 어렵고 서로가 서로를 자신들의 시선만으로 판단하면서 혐오를 낳는다.

이렇기 때문에 '페미니즘을 왜 해?'부터 '솔직히 그런 건 배부른 사람들 이야기 아냐?'라는 말을 들을 때면 채 100년도 되지 않는 대한민국의 짧은 근대화 기간이 아쉽기만 하다. 우리에게는 변화하는 시대에 적응할 준비기간이 너무 없었다.

기형적으로 경제성장을 할 수 있었던 한강의 기적에서 어떻게 한국에서 가장이 그러한 책임을 졌는지를 살펴봐야 했고, 인크레더블 신화에서 가장의 권력이 어떻게 폭력이 되었는지를 알아야 했다. 이를 별 것 아닌 걸로 치부하지 말았어야 했고 여성문제가 IMF와 N포 세대 이후 가정의 해체로 심화되는 것에 대비해야 했다. 서로가 서로를 이해하기 위한 시간과 약자를 배려하기 위한 제도가 필요했다.

그런 일들이 가능하기 위해선 올바른 교육이 필요했다. 공교육이 젠더교육을 다뤄 남녀가 서로를 이해하는데 도움을 주고 차별에 민감하게 반응하도록 가르쳤다면 이렇게까지 양극단으로 대립하는 성별 분리주의는 없었을 지도 모른다.

교육을 대신한 인터넷 커뮤니티

변화하는 시대에 적응하기 위해서는 교육과 문화의 중요성이 크다. 과거에는 성역할 등을 대가족 내에서 여러 친족과 부모님을 통해 배울 수 있었다. 하지만 지금은 자녀가 많은 집이 오히려 드물다. 거기다 부모님은 맞벌이를 하고 있다. 가정의 기능 가운데 가족구성원의 교육과 사회화 기능, 그리고 정서적 지지와 보호 제공 및 여가 기능은 예전만큼 역할을 수행하지 못하고 있다.

농업사회에서 산업사회, 현대사회로 오면서 교육은 부모님의 역할이 아니라 의무교육이 담당하게 되었다. 아이들은 더 이상 친족이 아니라 학교와 선생님, 또래집단을 통해 가치관 형성에 많은 영향을 받게 되었다. 그러나 우리나라의 의무교육에서 '성교육'은 안하느니만 못한 취급을 받았을 정도로 열악했다.

부모도, 학교도 하지 못한 성교육은 인터넷이 담당하였다. 90년대 이후로 인터넷이 급속도로 보급되었고 덕분에 그 어떤 세대보다 의견 교류가 빨라졌다. 다양한 인터넷 커뮤니티가 생겼고 미러링과 출판시장 페미니즘 붐 같은 반가운 일이 생겼다. 여성들이 여성의 목소리로 여성의 이야기를 시작했고, 잘못된 남자들에 대해서 미러링으로 비판도 할 수 있게 되었다.

그러나 외부시선과 검열이 없기 때문에 확증편향이 심해지는 일도 생겼다. 보통 인터넷 커뮤니티(카페, 갤러리 등)들은 그 커뮤니티가 지향하는 방향에 따라 집단 내에서 정보를 유통, 재생산한다. 문제는 커뮤니티가 지향하는 방향에 따라 왜곡된 정보가 생산될 수도 있다는 점이다. 소설을 좋아하는 사람들의 커뮤니티 안에서는 소설이 수필, 희곡보다 더 우수하다는 주장이 자명한 진리처럼 여겨질 수도 있다. 그리고 이것이 왜곡되면 '소설 빼곤 다 쓰레기'란 주장이 나올 수도 있다.

더욱이 인터넷 시대에 페미니즘은 민감한 주제다. 마케팅 관점에서 보면 페미니즘은 SNS 공유 법칙에 매우 부합하는 주제다. 우선 성별이란 집단이 표적대상이 되어 자연스럽게 인류의 절반에게 공감을 이끌어낼 수 있다. 더욱이 차별이란 단어를 통해 감정을 고조시키며 이를 공유했을 때 사회문제에 관심이 많고 진보적인 사람으로 보이게 하여 자신의 이미지에 긍정적인 영향을 미친다.

그래서 페미니즘은 조심히 다뤄야 한다. 자기 검열 없이 커뮤니티 내에서 재생산한 잘못된 혐오가 너무나 쉽게 퍼진다. 이전 세대의 차별은 두루뭉술하게 남자와 여자를 가르는 정도였지만, 지금은 군대, 육아 등에 대한 의견을 인터넷에서 나누며 특정 대상을 찾아 김치녀, 한남충 등으로 혐오한다.

워마드는 불편하지만 페미니즘은 해야 해

'카더라 통신'이란 신조어는 정보검증능력은 꽝이지만 정보는 많이 생산하는 인터넷의 부정적인 면을 보여주는 단어다. 인터넷에서는 근거 없는 입전문가들이 등장하여 잘못된 지식으로 대중을 선동시키지만 이에 대한 책임은 지지 않는다. '아니면 말구, 카더라야, 카더라.'

2018년 이수역 주점에서 남성 다섯 명이 여성 두 명을 폭행한 사건이 발생하였다. 처음엔 여자라는 이유만으로 무차별 폭행을 당했다며 상대방을 처벌해 달라는 청원이 올라왔고 단 하루 만에 20만 명이 이 청원에 참여하였다.

하지만 이후 '머리가 짧다고 때렸다'는 최초 진술과 달리 이 여성들이 술집에 있던 다른 커플에게 '한남과 사귀니 여성인권이 후퇴한다며' 시비를 걸었고 옆에 있던 남성 일행들이 '왜 가만히 있는 커플을 욕하냐'며 이를 제지하다 충돌이 벌어졌음이 밝혀졌다.

최초 20만 명의 동의는 사건의 진위와는 상관없이 집단적인 혐오 배출에만 소비하고 있는 사람들이 얼마나 많은 지를 보여준다. 카더라 통신은 진실을 밝히는 데 관심을 기울이지 않고 술집 주인이 남성이라 싸움을 말리지 않았다, 경찰이 남성이라 수사를 제대로 하지 않는다는 글을 통해 혐오를 확산할 뿐이다.

이런 혐오에 대해 페미니즘 백러쉬[39]가 나타났다. 2015년 메갈리안 출범 이후 3년 동안 28개의 총여학생회를 폐지하였다. 총여의 폐지는 결국 혐오란 같은 여성들의 지지도 받지 못하고 또 다른 혐오를 낳을 뿐이라는 걸 보여준다. 다수의 지지를 받아 운동을 지속하기 위해선 혐오를 내려놓아야 한다.

가장 큰 문제는 지금 자라나는 세대들이다. 사회는 성별 분리주의와 집단적인 혐오 배출이 만연한데 젠더 교육은 부재하니 아무런 준비도 없이 혐오에 노출되고 있다. 책보다 스마트폰이 익숙한 이들은 어떤 세대보다 미디어의 영향을 많이 받는다. 네이버나 구글 대신 유튜브로 검색을 하며, 소수 인플루엔서의 영향에도 민감하다. 이들은 이수역 폭행사건만큼이로 말미암아 벌어진 랩퍼 산이와 재리케이의 페미니즘 디스전[40]에도 관심을 갖는다. 연예인의 인스타에 뜬 페미니즘 도서나 맞팔과 언팔에 관심을 가진다.

---

39 사회, 정치적 변화에 대해 나타나는 반발 심리 및 행동.
40 이수역 폭행사건 이후 래퍼 산이가 '페미니스트'라는 곡을 발표. 이에 제리케이가 산이를 저격하는 '노유아닛'이란 곡을 발표하였다.

워마드는 불편하지만 페미니즘은 해야 해

이들은 자칫 잘못하면 이들보다 앞선 세대가 만든 남녀 싸움의 피해자가 되지 않을까 우려된다. 남자는 한남충이고, 여자는 김치녀란 식으로 혐오하는 것을 비판 없이 수용하더라도 제지해 줄 누군가가 이들에겐 없다.

워마드라는 뾰족 튀어나온 페미니즘을 경험한 사람들이 그 끝에 찔린 것이 아프다고 전체 페미니즘을 비난하지 말아야 한다. 또한 워마드의 뾰족함을 마치 낭중지추로 여겨 이를 페미니즘의 금과옥조로 수용하는 것 역시 막아야 한다.

6장

차별에 반대합니다

1. 경제 : 유리천장과 빈부격차

유리천장을 보기 위해선 고개를 올려야 한다

남녀 불평등을 없애기 위해서는 우선 불평등한 소득구조를 개선하여 미스터 인크레더블 신화에 종지부를 찍어야 한다. 자본주의 사회에서 권력은 총부리가 아닌 지갑에서 나온다. 한 쪽이 권력을 쥐고 있는 한 차별이 쉽게 없어지지 않는다.

남녀의 불평등한 소득 구조의 문제를 크게 유리천장, 경력 단절, 직업군 선호 차이의 3가지로 나눠서 보고 싶다. 유리천장은 직장 내에서 여성의 승진을 가로막는 보이지 않는 차별이 존재함이며 경력단절은 출산으로 일을 쉰 여성이 다시 직장에 복귀하지 못함이고 직업군 선호는 남녀가 선호하는 직업군에 따라 평균 연봉에 차이가 남을 뜻한다.

먼저 유리천장을 살펴보겠다. 우리나라는 빈부격차가 심한 나라다. 부를 소수가 독점하고 있는데 이 소수 중에 대부분이 바로 '우두머리 수컷'이다. 보통 직장의 경영자급에서 여성을 찾아보기가 쉽지 않다. 동일한 시기에 입사한 남녀 신입사원의 평균 임금에는 별 차이가 나타나지 않는다. 하지만 시간이 흐르다보면 보이지 않는 차별(유리천장) 때문에 여성은 승진에서 제외되며 이로 인해 소득에서 큰 차이가 생긴다.

정상에 위치한 소수를 우습게 보면 안 된다. 우리는 불평등에 무감각하다. 자유주의 경쟁을 표방하는 우리나라에서는 '노력하는 만큼 가져가는 것이 당연하지 않나요?'라는 반응도 쉽게 볼 수 있다. 그렇지만 다포 세대는 노력을 하지 않아서 포기하는 세대가 아니다. 빈부격차는 갈수록 최악을 기록하고 있고[41] 이러한 빈부격차는 노력하고 사는 보통 다수의 삶 또한 좌절하게 만든다. 더욱이 한국사회는 빈부격차 외에도 OECD 국가 중 상속형 부가 가장 높은 나라이고, 더불어

워마드는 불편하지만 페미니즘은 해야 해

경영인과 근로자의 임금 차이도 큰 국가다. 수저 계급론[42]은 한국 사회의 이러한 특징을 제대로 반영한 말이라 할 수 있다.

그러므로 유리천장도 문제지만 우선 빈부격차의 차이를 좁히는 것이 우선이다. 개천에서 용이 나지 않고 흙수저가 흙수저를 낳는 상황에서는 1등만 기억하는 세상을 바꾸는 것이 먼저다. 빈부격차는 해소하지 않고 여성의 고위직 진출이 활발해진다면 평균적인 근로자의 삶은 크게 변화하지 않을 것이다. 먼저 빈부격차를 없애지 않으면 결국 또 다른 '금수저'를 만드는 꼴이 될 것이다.

유리천장이 사라지고 더 많은 여성들이 고위직에 진출하면 여성이 같은 여성에 대해 더 공감하고 여성을 위한 법이나 제도를 만들 수도 있다. 따라서 여성차별을 철폐하기 위해 여성의 고위직 진출을 응원할 수도 있다. 다만, 초점은 어디까지나

---

41 《동아일보》 2018년 11월 23일. "저소득층, 고용재난 직격탄. 상위소득 8.8% 늘 때 하위 7% 줄어."
42 유복한 집안에서 태어난 아이를 보며 '금수저를 물고 태어났다'고 표현한 말에서 나온 신조어. 태어날 때부터 경제적인 조건에 따라서 계급이 정해진다는 뜻이다. 다이아 수저, 금수저, 은수저, 동수저, 흙수저 등이 있다.

이들이 같은 여성뿐만이 아니라 사회 다수를 위해 일하는 것에 맞춰야 한다.

여성부의 경우도 여성들의 권리 신장을 위해 더욱 세심한 배려가 필요하다. 회사 내에서 성희롱을 당한 후 여성부 앞에서 천막농성을 하였지만 정작 여성부에 의해서 쫓겨난 사건이나, 초등학생을 대상으로 위안부 문제를 알리기 위해 교재를 제작하였다가 일부 잘못된 서술로 지탄을 받고 취소한 사건을 보았을 때, 그 부서가 바르게 돌아가는 일이 얼마나 중요한 것인지 알 수 있다.

유리천장 철폐를 외치며 단순하게 몇몇 여성의 고위직 진출에만 관심을 가진다면 다수의 여성들의 삶은 나아지지 않을 것이다. 평균에 속하는 다수에게 천장을 가리키는 건 당장 앞에 문제를 감추기 위한 교묘한 선동이라고 생각한다. 고개를 들면 바로 앞의 문제가 보이지 않는다. 유리천장 철폐도 중요하지만 더 중요한 것은 빈부격차의 감소이다. 남성과 여성은 갈등할 때가 아니라 서로 힘을 합쳐야 한다.

2. 정치 : 일·가정 양립과
   족쇄가 된 가정

일·가정 양립

앞장에서 말한 빈부격차 문제가 해결되기 위해선 정치가 먼저 변해야 한다. 사회의 부를 재분배하기 위해 정책을 만들고 세율을 조정하는 것은 정치의 영역이기 때문이다. 5장에서 장황하게 살펴본 근현대사를 이해한다면, 앞으로 국가의 더 많은 역할이 필요하다.

요즘은 워라밸[43]이라고 하지만 훨씬 더 전에 '일·가정 양립'이란 개념이 있어 근로자가 일과 가정을 모두 신경 쓸 수 있도록 노력해 달라는 요구가 있었다. 일·가정 양립이 이루어지지 않은 사회에서 여성의 출산을 장려하는 것은 여성의 희생을 강요하는 것과 마찬가지다. 이러한 문제가 국가의 앞날을 걱정할 정도의 인구감소란 결과로 돌아왔고, 정부는 이제야 신혼부부를 위한 주거 지원 제도 같은 각종 지원들을 적극적으로 알리고 있다.

남녀소득의 불균형을 줄이면서 일·가정 양립에도 도움을 주기 위해선 경력단절 문제를 극복해야 한다. 남녀소득을 비교한 그래프를 상상해보자. 남녀가 똑같이 입사하여 똑같이 일을 시작했지만 여성의 경우 결혼 후 출산을 하게 되면 경력이 뚝 단절 된다. 이로 인해 소득에도 큰 차이가 발생한다. 여성 취업률을 보면 20대에 높았다가 출산시기인 30대에 움푹 꺼져서 M자 곡선을 그린다고 한다. M자니까 출산 후 복귀하면서 다시 높아지지 않느냐고 물을 수 있겠지만 안타깝게도 출산 후 복귀는 이전에 자신이 일했던 곳이 아닌 단순판매직이 많다.

---

43   워라밸(Work-Life Balance) : 일과 삶의 균형. 직장을 구할 때 연봉보다 퇴근 시간. 복지 등을 더 중요하게 고려하는 것을 워라밸을 중시한다고 한다.

이들의 허탈함을 이해해보자. 헬조선이라고 부를 정도로 취업이 어려운데 힘들게 전문직에 입사하여 날고 기는 인재들 사이에서 에너지 드링크와 카페인을 갈아 마시며 버텼고, 야근으로 빚어낸 보고서로 승진을 하여 겨우 대리를 달았다. 이제 그 이상을 노리고 있었는데 출산을 하고 나니 다니던 직장에 재취업이 어렵다고 한다. 결국 받아주는 곳이 없어 원래 받던 월급의 절반 정도 받는 단순노동직 자리에 들어갔다. 어느 날 길거리에서 우연히 만난 남자 입사 동기는 어느새 부장 직함을 달고 있다. 과연 이 남자동기를 만난 여성의 심정은 어떨까?

다소 불편한 표현이지만 가정은 때로 여성을 묶는 족쇄가 되었다. 여성의 경력단절의 주원인은 출산과 양육이고, 우리나라는 그 어떤 나라보다 여성들의 경력단절이 많은 나라다. 힘들게 고생해서 얻은 경력을 출산 한 번으로 모두 내려놓고 집안일에 시달리게 된 사람에게 결혼은 어느 노래 제목처럼 '미친 짓'이었을 것이다.

아빠 육아의 중요성

일·가정 양립은 여성의 경력단절을 막을 뿐만 아니라 남성들에게도 이득이 된다. 2000년대 초 개봉한 〈미스터 주부퀴즈 왕〉[44]에서 한석규는 남자 전업주부를 연기했다. 영화를 보면 아빠가 주부라며 아이를 놀리는 또래친구들과 어째서 남자가 살림을 하느냐며 비꼬는 사람들이 나온다. 오랫동안 우리는 남성의 집안일에 친숙하지 않았다.

7-80년대만 해도 가족 내 성역할 분담이 확실했고, 남자가 부엌에 들어가면 남성성을 상징하는 신체 부위가 떨어진다는 말을 아무렇지 않게 했었다. 그리고 이렇게 남녀 구분이 엄격한 성역할이 미스터 인크레더블을 만들었다. '그래도 애는 여자가 봐야지' 만큼 '그래도 돈은 남자가 벌어야지'는 고통스러운 말이다. 남성은 밖에서 돈을 벌어왔을 때만 비로소 가장/아빠가 될 수 있었다. 그러니 남자의 살림은 (집밖에서 나가서 일을 해야 할) 남자가 오죽 못 났으면 집 안에서 애나 볼까 하며 무시를 당했다.

하지만 아빠 육아를 일터에서 패배한 남성들의 '애보기'로 치부하는 것은 아이 성장과정에 아빠가 얼마나 지대한 영향

---

44 유선동 감독 작(2005년).

을 끼치는지 모르고 하는 소리이다. 일본과학기술진흥기구에서는 아빠 육아가 자녀의 사회성을 높이는데 도움을 주고, 영국 뉴캐슬대학의 연구진은 아빠 육아가 자녀의 지능 향상에 도움이 준다고 발표했다.

기본적으로 아빠와 엄마는 다르다. 한 명의 선생님보다 두 명의 선생님이 긍정적인 영향을 끼칠 수밖에 없다. 남성은 여성과 비교해 신체를 많이 사용한다. 이러한 아버지들의 거친 신체놀이는 영유아의 신체능력 향상과 부정적인 감정 해소법을 가르친다. 반면 어머니 육아의 경우 언어를 더 많이 사용하고 표정으로 더 많은 교감을 한다. 이러한 놀이는 언어력, 구상능력에 도움을 준다.

더 이상 육아를 그깟 애보는 일로 치부해선 안 된다. 자녀 교육에 관심이 있다면 굳이 아이가 학교에 들어간 뒤 비싼 돈을 들여 학원에 보내는 것보다 영유아 시절에 다양하게 놀아주는 것을 추천한다. 어떻게 아이와 놀아주는지에 따라 자녀의 공부습관, 흥미분야가 결정되고 이는 청소년기 학습능력과도 연관이 되기 때문이다. 아빠 육아의 소중함을 버린 당신, 자녀가 어렸을 때 몇 번 놀아준 적이 없다면 '도대체 누굴 닮아서 성적이 저럴까'를 말할 자격도 없다.

또한 일·가정 양립은 남성에게도 일터에서 벗어나기를 권한다. 서울시 여성가족재단의 '기혼여성의 재량시간 활용과 시간관리 실태연구' 보고서를 보면 미취학 자녀와 배우자가 있는 남녀의 시간 관리가 어떻게 다른지를 알 수 있다.

맞벌이 시대, 집안일을 거부하는 시대착오적 남성

(단위 : 분)

	가사노동	노동	개인유지	여가
여성	427	107	680	178
남성	102	404	688	199

가사노동 시간을 비교해보면 여성이 남성보다 월등하게 많은 시간을 할애하고 있다. 하지만 그만큼 남성은 노동 시간에서 여성보다 더 많은 근로를 하고 있다. 일·가정 양립은 여성뿐만 아니라 남성에게도 숨 돌릴 틈을 주는 제도다.

한국의 노동자들은 너무나도 많은 시간을 일터에서 보내고 있다. 먹고 살기 빡빡해서 한 푼이라도 더 벌기 위해 일터에 있는 것이 사실이다. 그렇기 때문에 적어도 '남자니까 좀 더 일해도 괜찮아.', '남직원이니까 좀 더 고생해도 따지지마.'라는 사회 풍토라도 없애자는 것이다. 성별에 따른 차별을 하지 말라는 이야기는 남성에게도 똑같이 적용된다. 남성들의 등 뒤에 있는 책임이라는 부담을 내려놓게 하여 일터를 벗어나 집으로 걸음을 향하게 해야 한다.

지금은 경제호황기가 아니다. 그나마 경제가 호황일 때는 여성의 경력단절을 남성이 책임질 수 있었다. 하지만 이제 남성들은 '내가 책임질 테니 그만 둬'라고 쉽게 말할 수 없다. 맞벌이가 보편화된 지금 사회에선 여성의 경력단절은 남성에게도 더 큰 부담이다. 그렇기 때문에 여성들뿐만이 아니라 남성들도 비혼과 무자녀에 대한 선택이 많아지는 것이다.

그러한 의미에서 남성들은 일·가정 양립에 더 많은 관심을 가지고 육아와 집안일에 이전보다 더 많이 신경을 써야 한다. 경력단절을 없애고 똑같이 맞벌이로 일한다면 당연히 집안일과 육아도 똑같이 나누어야 하지 않을까? 일, 가정을 성별로 나누었던 시대의 패러다임에 갇힌 시대착오적인 남성의 모습을 탈피해야 할 것이다.

왜 그들은 가족에 대한 가치 훼손을 하는가?

출산과 경력단절에 대한 이야기가 나오면 가족 제도 자체에 대한 비판을 하는 사람들이 있다. 참으로 이상하다. 경력단절로 인해 여성의 재취업이 안 된다면 가정이 아니라 일·가정 양립이 안 되는 사회 제도를 비판해야 한다. 하지만 급진적인 페미니즘 노선의 경우 남녀 분리주의를 외치며 '가정'에 대한 가치 훼손을 하곤 한다. 결혼은 여성에게 유리한 것이 하나도 없고 여자를 남성의 노예로 만드는 제도라고 말하는 것처럼 말이다.

가족제도에 문제가 있으면 그 문제점을 없애야지 왜 가족 자체를 욕하고 없앨 생각을 할까? 가족이 절대적으로 옳은 가치는 아니며 사람이라면 응당 가정을 꾸리며 살아야 하는 법도 없다. 비혼도 무자녀도 개인의 선택이며 마찬가지로 가정을 이루는 삶 또한 개인의 선택이다. 그리고 아름다운 사회란 비혼을 택해도 주변에서 외롭고 쓸쓸하게 보지 않고, 자녀와 가정을 택해도 족쇄가 되지 않도록 하는 사회다. 경력단절이 생긴다고 가족을 욕하기보다 경력단절이 생기지 않도록 일·가정 양립 제도를 바로 만드는 것이 우선이다.

급진적 페미니즘 노선에서 말하는 결혼에 대한 워딩은 상당히 부정적이다. 그들은 결혼에 대해서 남자에게 엄청나게 유리하고 여자들에게 아무 도움이 되지 않는 불리한 제도로 몰아가고 있다. 물론 경력단절, 독박육아처럼 여성이 남성보다 더 어렵고 고생하는 부분도 있다. 그렇다면 그런 문제들을 해결할 수 있도록 함께 고민해야 한다. 하지만 그들은 결혼하

워마드는 불편하지만 페미니즘은 해야 해

면 자유는 사라지고 헬게이트가 열린다고 자극적인 단어들로 엄포를 놓을 뿐이다. 그들에게 중요한 건 남자란 결혼을 해도 자유롭게 살고 육아를 위해 아무것도 희생하는 것이 없는 존재로 그리기 때문이다. 그래야 여성들이 분노하고 결혼을 부정할 수 있기 때문이다.

항상 문제를 진단하고 해결책을 찾는 것은 어렵다. 머리도 아프고 많은 힘을 소비하는 행위다. 그 반면에 눈앞의 문제에 대해서 분노만 표출하는 것은 쉽고 당장 기분이 풀리는 행위다. 심지어 풀어야 할 문제마저 내팽개치는 이득도 있다. 순간의 즐거움을 위해서는 혐오가 도움이 될지도 모른다. 하지만 더 나은 세상을 위해서 우리는 페미니즘을 해야 한다.

3. 문화 : 올바른 정치를
위한 밑거름

고개를 절레절레 흔들게 만드는 '전례'

그러면 이제 일·가정 양립을 위해서 가정복지에 관심을 보이는 정치인에게 투표하고 그들이 좋은 정책을 만들기를 기다리면 되는 것일까? 놀랍게도 우리 사회엔 좋은 정책들이 이미 만들어져 있다.

남녀고용평등과 일·가정 양립 지원에 관한 법률에 의거하여 육아휴직을 신청하는 것 외에도 육아휴직 대신 육아기 근로시간 단축을 신청할 수 있고, 임산부의 경우 근로기준법에

워마드는 불편하지만 페미니즘은 해야 해

따라 태아검진 시 휴가를 받을 수 있다. 상시 여성근로자가 300명 이상이거나 성별 상관없이 근로자가 500명 이상의 사업장은 의무적으로 직장 어린이집을 설치해야 하고, 영유아기 자녀를 두었을 경우 1일 2회, 각 30분 이상 수유시간을 가질 수 있다. 하지만 이런 정책들이 현장에서 지켜지고 있지 않는 것이 문제이다. 새롭게 정책을 만들 필요도 있겠지만 기존 정책부터 확실하게 활용하는 것이 우선이다.

다시 생각해보자. 보통 직장인들이 연차 제도가 없어서 휴가를 못 내는가? 아니다. 직장 상사의 눈치 때문에 연차를 못 쓰는 것이다. 이미 있는 육아휴직 제도 또한 사용하지 못하는 분위기가 먼저 변해야 한다. 또한 경제와 정치 못지않게 문화 또한 같이 변해야 한다.

가정학 전공 시간에 들은 일화다. 학과 교수님 중에 출산휴가를 신청한 분이 계셨는데 학교 행정실에서 출산휴가가 있느냐고 반문을 했다고 한다. 평균적인 '교수' 직급의 연령대를 생각했을 때 대학에서 출산휴가를 발급한 전례가 없었기 때문이다. 이분은 전공이 가정학이라 자세하게 법 규정을 설명했지만 행정실에서는 그래도 반대를 했다고 한다.

"전례가 없어서요. 신청 안 하시면 안 되나요?"

'전례'는 참으로 답답한 단어다. 전례가 없어서 못한다는 말은 기존의 것에서 변화는 일체 거부한다는 말이다. 중국에서도 한자는 간편한 간체를 사용하는데, 우리는 원형을 고수하려는 전통의 민족이다. 그래서 구시대의 악습까지 지키려고 하나보다.

전례를 깨는 것은 어려운 일이다. 남들은 다 참고 사는데 굳이 내가 튀어서 좋을 것이 있을까 망설여지기도 한다. 교수님도 처음엔 그냥 넘어가려고 했었다고 한다. 굳이 출산휴가가 없어도 교수의 기본 복지가 좋기도 했다. 하지만 자신이 가정학 전공교수이기 때문에, 선례를 만들어야 한다는 생각에 주장하고 주장하고 또 주장해서 결국 출산휴가를 받아내셨다고 한다.

여가부에서 발간하는 가족친화제도 우수사례집을 보면 좋은 제도들이 많다. 또한 직장 내 보육시설 설치와 부모의 육아휴직 권장, 자녀의 학비지원, 장기근속 휴직제도, 가족돌봄휴가제도 등을 올바르게 시행하고 있는 직장들도 많다. 다만 이런 식으로 가족친화인증을 받은 직장보다 법규정을 지키지 않는 기업들이 많을 뿐이다.

남성육아휴직 제도는 여성육아휴직보다도 먼 일이다. 남성 육아휴직을 꺼냈다 상사한테 박살이 났다는 이야기가 놀랍지 않고, 승진고과에 안 좋게 반영이 되기 때문에 일부러 말을 안 꺼냈다며 한숨을 쉬는 아빠들도 있다. 여성이 많은 기업이나 국가의 입김이 강한 공기업의 경우 그나마 복지정책에 신경을 쓰는 편이지만 일반 기업의 경우 당장 먹고 살기 바쁜데 복지는 사치라고 생각하는 듯하다. 하지만 이런 복지는 기업 입장에서도 좋은 일이다.

각 국가별 일·가정 양립 제도를 살펴보면 영국의 선례가 참 좋아 보인다. 일·가정 양립 제도를 실시하기 전에 정부에서 대대적인 캠페인을 벌여 사람들에게 왜 일·가정 양립이 되어야 하는지 중요성을 설파했다. 국가적으로는 생산성이 높아지고, 기업 입장에서도 출산 때 새로운 인재를 뽑아 교육하는 비용을 줄이고 복지를 찾아 이직을 선택하는 사람들의 발걸음을 돌릴 수도 있다고 설명했다.

최근 롯데그룹에서 시행한 '남성육아휴직 CF'처럼 남성 육아의 모습을 알리는 캠페인이나 일러스트집 『STILL BOY』[45]처럼 남성육아의 모습이 나온 문화매체가 더 많이 등장하길 바란다.

여성이 출산 후에도 일터에 복귀가 가능하고, 남성들이 육아 휴직을 자유롭게 쓰는 세상이 되어야 '가정'은 더 이상 족쇄가 아니다. 그러한 세상을 만들기 위해서 우리 스스로 일·가정 양립에 대한 개념을 알고 어떤 기업들이 어떻게 제도를 활용하는지에 관심을 가져야 한다.

아동학대 어린이집 교사와 사립유치원 비리

복지 제도가 제대로 운영되지 않는 또 다른 이유는 예산 편성과 집행이다. 세금을 더 걷어서 해결할 복지도 물론 있겠지만 그 전에 세금을 어디에 더 주안점을 두고 운영해야 하는지도 중요하다. 2018년 여가부의 예산은 7460억으로 정부 전체 예산의 0.18%에 불과하다. 그동안 우리는 육아 정책에 무관심했다. 적어도 대가족이었을 때는 많은 친족들이 아이에게 신경을 썼지만 핵가족 맞벌이 시대에는 정부 정책이 중요하다. 100년도 안 되는 시간 동안 우리 사회는 그만큼 급변했고 그

---

45 SE OK, my출판사, 2017.

변화를 따라잡기 위해 모든 정책들은 부랴부랴 뒷수습에만 급급했다. 앞으로 복지 정책에 필요한 예산을 더 늘릴 필요가 있다.

하지만 예산 편성을 위해서는 먼저 집행기관의 수행능력을 얼마나 신뢰할 수 있는지가 중요하다. 1995년도에 1만 개가 넘지 않던 어린이집은 2014년에 4만 개로 증가했다. 핵가족 맞벌이 부부의 증가로 어린이집 수요가 늘어나자 이에 공급을 맞추기 위해 일단 양을 늘렸다. 어린이집 증가에 맞춰서 교사를 충당해야 했고, 마찬가지로 어린이집 교사를 양성하는 학과 또한 급하게 신설되었고 자격증의 배출도 늘어났다. 그리고 2015년, 인천 어린이집에서 교사가 네 살배기 아이를 폭행하는 영상이 공개되면서 전 국민의 공분을 샀다. 그 뒤 2016년에 영유아보육법이 개정되었고 온라인 수업만으로 취득이 가능했던 보육교사 2급 자격증[46]은 온라인 15주 수업 외에도 대면 출석수업 8시간, 출석 시험 1회를 통과해야 보육교사 자격증이 나온다. 개정된 과정을 봐도 이 정도 수업과 시험으로 좋

---

[46] 어린이집 교사가 될 수 있는 자격증. 유치원의 경우 유치원 정교사 2급 교원 자격증이 필요하다.

은 교사를 양성하기란 쉽지 않아 보인다. 하지만 넘쳐나는 수요를 맞추기 위해 이 정도로밖에 하지 못하니 아동학대를 할 수 있는 어린이집 교사를 사전에 걸러내기란 불가능한 것이다. 많은 사람을 분노하게 한 사립유치원 비리 또한 마찬가지다. 당장 지원이 필요한 곳에 예산을 편성하는 것이 끝이 아니며 집행과정을 철저하게 해야 나랏돈이 눈먼 돈에 불과하다는 소리를 피할 수 있다.

덧붙여서 좋은 유치원을 구하는 두 가지 팁을 소개하고자 한다. 사립유치원 비리 이후 정부의 규제가 심해졌고 많은 사립유치원들이 폐원을 신청하였다. 그 와중에 정부 규제가 없는 놀이 '학원'으로 업종을 전환하는 꼼수가 나왔다. 이제 학부형의 입장에서는 정부의 규제도 어쩌지 못하는, 나쁜 놀이학원과 좋은 놀이학원을 구별해야 한다.

첫 번째는 낮잠시간, 자유시간을 충분하게 주는지 살피는 것이다. 영유아 발달과정에서 필요한 건 몸이 자랄 수 있는 충분한 휴식과 자극을 일깨우는 다양한 감각 활동(놀이)이다. 논리력과 수리력을 사용하는 교수법의 경우 영유아 두뇌발달 시기에 맞지도 않아 아이에게 스트레스를 주고 공부에 대한 부정적인 감정을 심어줘 훗날 학습이 중요해지는 시기에 악영향을 줄 수 있다.

그러나 한국은 영어 유치원 등 아이들에게 선행 학습을 시키는 유치원들이 유행이라고 한다. 특히 부촌을 중심으로 이런 유치원들이 성행하는 이유는 학부형들이 원하기 때문이다. 사교육은 시장이다. 아무리 전문가들이 올바른 지적을 한다 해도 시장의 논리는 수요와 공급에 따라 움직일 뿐이다. 과열된 선행학습에 몰두하는 학부형들이 많으니 유치원 장사가 안 될 수가 없다.

두 번째는 정말 비싼 돈을 들여 좋은 유치원에 보내고 싶다면 야외 놀이터가 있는지, 이 놀이터가 어떻게 관리되고 있는지를 살펴야 한다. 가능하면 아이들은 다양하게 뛰놀아야 한다. 아이들의 놀이는 단순하지 않다. 좋은 선생님들은 개방성/폐쇄성, 단순성/복잡성, 활동성/비활동성, 집단/단독, 부드러움/딱딱함, 접촉/운둔, 도전/안전 등 다양한 요인들을 고려해서 아이들의 놀이를 주도한다. 그러나 전공자가 아닌 이상 해당 유치원이 어떠한 지향점을 가지고 학원을 운영하는지 파악할 수 없다.

그래서 쉽게 파악할 수 있는 놀이터의 유무라도 보는 것이다. 가능하면 야외 놀이터가 좋지만 현실적인 여건상 실내 놀이터를 운영하는 곳이 많다. 실내 놀이터라도 어떤 놀이기구가 있고 어떻게 놀이터가 구성되어 있는지를 살펴보아야 한다. 법으로 50인 이상의 어린이집의 경우 영유아 1인당 $3.5m^2$의 놀이터가 있어야 한다[47]고 규정하고 있다. 그만큼 아이들의 다양한 놀이는 중요하다.

가정학 교육의 확대

마지막으로 가정학 교육이 확대되었으면 한다. 지금처럼 성(Sex)교육조차 부실한 시점에서 젠더(Gender) 교육은 먼 나라 이야기이다. 그렇다고 남녀에 대한 차이와 이해를 포기할 순 없다. 잘못된 성지식과 남녀에 대한 몰이해가 가득한 교육 현장에서 아이들이 자라게 되면 인터넷을 통한 그릇된 정보에 더 영향을 받을 수밖에 없다. 따라서 가정학 교육이 확대되어야 한다.

대학 교양과목에 가정학이 있다면 수강하길 적극 권장한

---

[47]　영유아 보육법 시행규칙, 어린이집의 설치기준(2018년 개정).

　워마드는 불편하지만 페미니즘은 해야 해

다. 특히 남성들에게 권한다. 남성은 여성에 비해 상대적으로 가정에 적응하기 어려워한다. 좋은 아버지를 상상할 때 주말에 치킨 사오는 아버지를 떠올리면 다행이다. 필자는 아버지를 생각하면 자녀와 소통하는 법에 서툰 중년 남성이 먼저 떠오른다. 이러한 점을 극복하기 위해서라도 남성의 가정학 수강은 필요하다.

앞서 아빠 육아의 중요성을 자녀 교육 측면에서 설명했었다. 이번 단락에선 아버지 본인의 행복도 측면에서 살펴보고자 한다.

여성의 평균 수명은 남성보다 10살 정도 길다. 우선 식습관 및 생활습관(술, 담배), 그리고 유전적으로 질병에 대한 저항력도 여성이 높다. 그리고 또 하나, 나이가 들수록 여성과 남성은 친한 친구의 수가 달라진다. 커뮤니케이션 이론을 보면 친밀한 관계 중 맨 위 단계는 'Confident'라고 한다. 자신의 모든 걸 터놓고 이야기를 나눌 수 있는 관계로, 이런 친구가 많으면 삶의 질이 달라진다고 한다. 평균적으로 할머니들은 대개 4~5명 정도 있다고 한다. 자기 남편과 자식들 그리고 친구들. 그렇다면 할아버지는? 자기 부인이 전부다. 그래서 남편이 죽고도 오래 사는 할머니는 많지만 아내가 죽고 오래 사는 할아버지는 드물다고 한다.

이것은 무리생활을 이루는 포유동물의 특성이다. 인류는 관계 지향적인 동물이다. fMRI를 찍어서 신체가 아플 때 활성화되는 뇌의 부분과 실연했을 때 뇌를 비교해보니 우리의 뇌는 관계 상실을 물리적 아픔과 비슷하게 처리하는 것으로 나타났다. 또한 최근에 실연한 집단을 모아서 아스피린 복용 그룹과 그렇지 않은 그룹으로 나누어보니 아스피린을 복용한 그룹이 정신적인 회복률도 빨랐다고 한다.

우리의 이런 반응은 진화심리학을 통해 이유를 밝힐 수 있다. 아프리카 무리동물들을 관찰해보면 혼자 있을 때, 둘이 있을 때, 셋이 있을 때, 점차 무리가 늘어갈수록 생존율이 급격히 상승한다고 한다. 오랜 시간 동안 무리를 짓고 산 개체들이 살아남기 유리했고, 우리가 그들의 후손이라 사회적 관계가 깨지는 것에 몸이 아픈 것처럼 예민하게 반응하는 특성을 물려받은 것이다.

한국 남성들은 은퇴 후 크나큰 난관을 만나게 된다. 바로 '가정에서의 소외'이다. 출산과 양육에 무지함을 잘못됨이라고 생각하지 않던 아버지들은 그동안 자녀교육을 소홀히 하였고 그 결과 자식과 소통하는 시간도 줄어들었다. 그런 아버지들은 은퇴 후 가정에서 자기 자리를 찾지 못하고 외롭고 쓸쓸하게 늙어 갈 확률이 높다.

가장을 비판하는 것이 아니다. 여기서 KBS 예능 '대국민 토크쇼 안녕하세요'에서 나왔던 대화 중 기억에 남는 장면이 떠오른다.

> "한국 남자들은 경주마 같다. 앞만 보고 달리다가 어느 새 자기 혼자임을 깨닫는다. 뒤에 있는 가족들을 챙겨달라."

> "남자 입장에서 변명을 하자면, 가족이 어디에 있는지 찾아보니 다 등 뒤에 타고 있더라."

가장을 이해한다. 하지만 이해만으로 모든 문제가 해결되지는 않는다. 한국 남자들은 책임감과 돈벌이가 중요한 만큼 자녀와 대화하고 소통하는 시간도 소중하다는 걸 알아야 한다. 아버지의 육아 참여는 아내를 돕는 일이면서, 자기 자식 교육에 도움이 되면서, 자신의 수명 연장에도 도움을 준다.

남녀를 불문하고 만약 당신이 가정을 꾸리는 삶을 선택한다면 가정학은 필수 과목이다. 대다수의 사람들은 행복하게 살고 싶어 한다. 그리고 대다수의 사람들은 집에 있는 시간이 가장 길고, 평생 동안 가장 많이 마주치는 관계는 가족이다. 따라서 가족끼리만 행복해도 삶의 행복도는 매우 높아질 것이다.

하지만 대부분은 '가정'에 대한 충분한 준비 없이 이 단계로 뛰어든다. 오랜 연애기간을 통해 서로에 대해서 이 정도면 많이 알았다고 생각하지만 연애와 결혼은 다른 문제다. 옛날식으로 표현하자면 연애는 마음을 섞는 과정이지만 결혼은 두 집의 김치 맛을 섞는 과정이다. 데이트만으로는 삶의 방식을 맞춰보기 힘들다.

결혼이 둘만의 문제가 아니라 가족과 가족의 만남이라는 설명이 아니다. 부모 관계 등 상대방의 가족까지 가지 않아도 좋다. 둘만의 문제라고 해도 결혼 후 경제관리를 어떻게 할 것인지, 다투었을 때 대화방법의 차이, 육아와 가사 분배 등 가정생활, 식습관과 운동 등 건강관리, 성생활, 종교문제, 정치 및 가치관 등에 대해서 충분히 대화를 나누어야 한다. 하지만 이런 이야기들을 어떻게 나누어야 할지 방법도 모르고 괜히 섣불리 꺼냈다간 상대방이 당황할 수도 있다.

그렇기 때문에 '예비부부학교' 혹은 '결혼수업 원데이클래

스가 있는 것이다. 이런 단계를 거치지 않고 충분한 준비 없이 가정을 꾸리다간 가정에 대한 환상이 깨지고 가정이 족쇄가 되는 상황이 벌어질 수도 있다. 가정을 꾸릴 생각을 하지만 가정학을 공부하지 않는 사람은 행복하게 살기 위한 노력을 하지 않는 사람이다. 당신의 행복을 위해서 가정학은 필요하다.

마지막으로 가정학은 가장 도움이 절실한 소외계층을 위해서도 필요하다. 가정학에선 앞서 말한 일·가정 양립, 누리과정[48] 외에도 1인 가구, 미혼모 지원 등의 정책들도 다룬다. 페미니즘을 하는 이유가 차별받고 도움이 필요한 여성들을 위해서라면, 당신은 더더욱 가정학을 공부할 필요가 있다. 교육은 문화를 형성하는데 도움을 주고 문화는 다시 정치에, 그리고 정치는 정책을 만들어 도움이 필요한 사람들에게 경제적인 지원을 한다.

---

[48] 만 3~5세 유아에게 공통적으로 제공하는 교육, 보육 과정. 어린이집 문제 또한 포함된다.

7장

생각해보기

1. 탈코르셋

본능은 무조건 충족해야 하는가?

마지막으로 페미니즘과 관련하여 몇몇 주제에 관해 같이 생각을 나누었으면 싶다. 첫 번째는 탈코르셋[49]에 관해서다.

수컷공작의 화려한 깃털과 수컷사슴의 큰 뿔은 비효율적이

---

[49] 탈코르셋(코르셋에서 벗어나자!) : 코르셋은 여성의 체형을 보정하는 속옷으로 중세시대 서양에서 과도하게 허리를 조이는 코르셋으로 인해 사망에 이르는 경우도 있었다. 현대에 와선 여성에게 부과된 과도한 꾸밈 노동 등을 통칭해서 코르셋이라고 부른다.

다. 자신이 섭취하는 영양분의 상당부분을 소비해야 하고 천적이 나타났을 때 재빨리 도망을 갈 수 없게 한다. 그러나 이런 특성들은 암컷에게 자신의 건강함을 과시할 수 있었고 후손을 생산하는데 유리하게 작용하면서 진화의 과정에서 선택되었다. 인간도 마찬가지로 비효율적인 행동을 한다. 해당 사회에 통용되는 미적 기준이라면 목걸이를 통해서 목을 길게 만들거나 허리 코르셋을 꽉 죄고 전족을 통해 발을 작게 만든다.

인류의 이러한 행동은 비효율적이지만 '자연'스럽다. 우리는 체격이 좋은 남자에게 '장군감'이라고 한다. 넓은 어깨와 큰 키를 가진 남자는 상대방을 위협하고 전투에서 살아남기 유리했고 실제 조선시대 기록에도 좋은 체격은 무인이 되는 기준이 되기도 했다. 시대가 흘러 전쟁터에 나가지 않는 시대가 되었지만 헬스장에서 넓은 어깨를 만드는 사람들이 있는 것은 우리 유전자에 박힌 자연스러운 기억이다.

그러나 '자연스러운 것'이 다 옳은 것은 아니다. 식욕, 성욕, 수면욕 등 우리가 가지고 있는 본능의 무조건적인 충족은 단기간에 많은 즐거움을 줄 수 있지만 길게 봤을 때 악영향을 끼칠 수도 있다. 지금 잠을 자면 꿈을 꾸지만 지금 잠을 참으면 꿈을 이룬다는 학습실 문구처럼, 우리는 본능의 조절을 통

워마드는 불편하지만 페미니즘은 해야 해

해 더 큰 즐거움을 얻을 수도 있다.

우리는 설령 '본능'이더라도 사회에 악영향을 미치는 것을 자제할 수 있어야 한다. 중세 코르셋처럼 여성의 생명을 위협하는 코르셋은 없어져야 한다.

검열과 자유 사이

코르셋의 거부는 본능의 거부를 이야기하는 것이 아니다. 본능의 완전 거부는 가능하지도, 할 필요도 없다. 이성에게 매력 어필을 위해 우리 선조가 청동 장신구를 목에 걸었듯이 지금 시대에는 S전자 사원증을 목에 걸기 위해 노력하는 사람들이 있다. 그러한 노력은 개인의 선택이고 간섭할 부분이 아니다.

다만 목숨의 위험이 되는 것과 같이 너무 과도한 코르셋은 공익을 해칠 수 있기 때문에 지양하자는 것이다. 이 '너무 과도함'을 기준 짓는 것은 어려운 일이다. 자칫 잘못하면 사람들의 행동을 억압하거나 생각을 검열하는 지점도 생길 수 있다. 레이싱걸과 미스코리아를 보면 이 미묘한 경계를 잘 살펴야 한다는 생각이 든다.

레이싱걸은 신체 굴곡을 강조하는 옷을 입고 마르고 길쭉한 몸매의 사람만 뽑는다. 이는 여성의 외모, 몸매와 같이 외적인 부분만을 지나치게 강조하는 산업으로 보인다. 또한 미스코리아와 같이 아름다움을 기준으로 등수를 매긴 다음 한 국가/지역을 대표하는 사람으로 임명하는 제도는 아름다움에 대한 너무 과도한 가치 찬양이라 생각한다.

그러나 이를 반대할 수 없다. 레이싱걸과 미스코리아는 그들이 선택을 하여 직업 생활을 하는 것이다. 이들을 '머리에 든 거 없이 가슴만 큰 여자' 정도로 치부하는 것은 편견이며 이들 중에는 '자신의 아름다움이 빛날 무대를 찾는 지성인'도 있을 수 있다. 아름다움을 이용해 직업 생활을 하는 것은 개인의 선택이고 우리는 서로의 가치를 존중하는 다원주의 사회에서 살고 있다. 미스코리아처럼 예뻐지고 싶고, 레이싱걸처럼 마르고 길쭉한 몸매를 가지고 싶어 하는 욕망을 검열해선 안 된다.

검열이 가능하기 위해서는 몇 가지 조건이 필요하다. 먼저 미스코리아나 레이싱걸 산업에 종사하는 사람들이 아름다움만을 찬양하는 외모지상주의가 팽배한 사회에서 제대로 된 교육을 받지 못했어야 했다. 그들이 삶의 다른 선택권도 알지 못하고 남자에게 잘 보이기 위해서 레이싱걸이나 미스코리아에 나갔다면 이 직업군을 반대할 수 있다. 혹은 레이싱걸, 미스코리아 제도가 여성에 대해서 외모만을 가꾸게 만들고 보조적인 역할, 평가받는 역할 수행으로 여성을 수동적인 태도를 만든다는 명백한 상관관계를 밝혀 이것이 공익을 해치는 수준임을 증명할 수 있다면 반대할 수 있겠다. 하지만 이런 증명들은 어렵다. 불특정 다수의 가치관에 영향을 끼치는 문화를 통계 내기란 불가능에 가깝기 때문이다. 이렇듯 무조건적인 탈코르셋은 쉽지 않다.

네이버 웹툰과 '하자'의 탈코르셋

따라서 탈코르셋은 '하지 말라'보다 '하라'에 집중했으면 더 좋을 것 같다는 생각을 한다. 네이버 웹툰 '내 ID는 강남미인', '화장 지워주는 남자', '여신강림'을 보면 성형과 화장에 대한 다양한 상황이 나온다. 성형과 화장을 코르셋이라고 생각하지만 현실적으로 성형과 화장을 한 이후에 자유롭게 살았다고 말하는 사람도, 하늘 아래 다양한 색조가 있다지만 결국은 전부 타인의 시선에 맞춘 붉은 계열 아니냐고 말하는 사람도 나온다.

캐릭터마다 의견이 다르기 때문에 댓글에서 종종 논쟁이

벌어지기도 한다. 화장은 코르셋이라며 반대하는 글도, 혹은 화장 덕분에 자신감을 얻었다는 의견도 있다. 그 중 좋아요 4 만 개를 받은 베스트 댓글이 있다.

화장하는 사람	= 정상
화장 한다고 뭐라 하는 사람	= 비정상
화장 안하는 사람	= 정상
화장 안 한다고 뭐라 하는 사람	= 비정상

만화마다 캐릭터들은 서로 다른 상황에 처해있기 때문에 서로 다른 말을 하지만 모두 옳은 말일 수 있다. 화장은 또래 친구들에게 못생겼다고 놀림 받는 학생에겐 자존심을 높여 주는 수단이 될 수도 있고, 과도하게 화장에 집착하는 주인공 에겐 자기 자신을 지치게 만드는 코르셋이 될 수도 있다. 이 둘 사이에서 꼭 어느 한쪽 편을 들어야 하는 것은 아니다. 코 르셋은 거부해야 하지만 아름다움 또한 인간의 본능이고 이 를 탄압해선 안 된다. 누군가에게는 과도한 화장도 누군가에 게는 간단한 기초화장일 뿐이다. 기성세대에게는 너무 어린아 이들이 화장을 하는 것으로 보이지만 젊은 세대는 꼰대의 잔 소리가 지겨울 수도 있다. '하지 마라'의 탈코르셋은 갈등이

생기기 쉽다. 하지만 '하라'의 탈코르셋은 갈등의 여지가 적다. 머리를 기르건, 짧게 하건 본인의 선택을 존중하기 때문이다.

예를 들어 '과도한 화장을 하지 마라!' 대신에 간편한 화장을 하는 뷰티 유튜버를 구독하라고 말하는 식이다. 수많은 뷰티 유튜버들이 탈코르셋을 위해 계정을 정지했지만, 그보다 많은 수의 뷰티 유튜버들이 활동을 하고 있다. 이들에게 탈코르셋을 위해 계정 정지를 요구하는 것이 아니라 보다 쉽고 간편한 화장법을 알려달라고 요구하는 것이 더 다양한 가치를 포용할 수 있다.

화장이 나쁜 것이 아니다. 외출 한 번 하려면 반시간은 소요되는 과도한 화장으로 사람을 지치게 만드는 것이 나쁜 화장이다. 지인 중 한 명은 외국에 살아보니 화장을 하지 않아도 외출이 가능한 것이 너무 좋아서 해외이민을 준비하는 이유 중 하나가 되었다고 한다. 이런 고통을 모르는 남성들이 '여자의 화장은 자기만족'이라고 하면 당연히 여자 입장에선 화가 날 수밖에 없다.

예뻐지고 싶다는 본능으로 화장을 하는 것은 자연스럽다. 그러나 사람을 지치게 만들 정도로 지나친 화장을 강요하는 사회 분위기는 '코르셋'이다. 그렇기 때문에 탈코르셋을 하는 뷰티 유튜버들이 나오는 것이다.

　마찬가지로 레이싱걸, 미스코리아도 좋다. 그러나 앞으로 그들이 좀 더 다양한 아름다움을 추구하길 기대한다. 왜 자동차 도로에 나온 그들의 옷은 하나 같이 다 시원해보이고 미스코리아의 체형 사이즈는 공장에서 찍은 것처럼 똑같을까? 앞서 말한 혹독한 소속사의 함정에서 아직도 인류가 헤어 나오지 못한 것이다. 미국 여성 중 67%는 42사이즈 이상의 옷을 입지만 이들이 모델에서 차지하는 비율은 2%에 불과하다고 한다.[50] 평균적인 '우리'와는 너무도 먼 '그들'이 보통 다수의 '우리'에게는 코르셋일 수 있다. 조금 더 '우리'에 가까운 다양한 모델들을 보기 바라는 건 무리일까?

아이돌 문화

　이러한 탈코르셋을 위해서 우리가 보는 스마트폰 화면 속에 아이돌들도 좀 더 다양한 체형과 매력을 뽐냈으면 좋겠다. 스마트폰 화면 속 슈퍼스타들은 예쁘고 멋있다. 소리만 듣던

---

50 『아름답지 않을 권리』, 누누 칼러 지음, 미래의 창.

라디오 시대에서 브라운관 시대로 넘어가면서 우리가 향유하는 매체는 청각에서 시각까지 자극하였다. 이제 스마트기기 시대가 도래하자 장소의 제한이 사라졌고 이전의 어떤 시대보다 시청각 매체에 자주 접하게 되었다. 지금의 젊은 세대는 시각적 단서에 민감할 수밖에 없다.

  내면의 아름다움! 참 좋은 말이다. 크게 성공한 사람들을 보면 외면뿐만이 아니라 내면도 아름다운 분들이 많다. 하지만 이는 성공한 연예인의 회고록에 나올 법한 말이다. 이제 막 데뷔를 한 아이돌은 내면보다 외면에 치중할 수밖에 없다. 과연 내면의 아름다움이 스마트폰 화면을 통해 대중에게 쉽게 전달될까? 상냥한 마음씨보다는 몸매, 외모 등이 대중의 클릭을 유도한다. 유느님이 유느님으로 자리 잡기까지는 수많은 시간이 필요했다. 그러나 그렇게 오랜 시간 군중에게 어필할 수 있다는 건 로또 복권만큼의 행운이다.

  영화는 시작 10분 안에 색다른 사건이 벌어지지 않으면 관객의 흥미가 사라진다고 하고 유튜브는 초반 10초 동안에 재미있는 일이 벌어지지 않으면 채널을 돌린다고 한다. 이런 시대에서 대중은 오래 기다리지 않고 아이돌은 당연히 '이미지'에 치중할 수밖에 없다. 수많은 아이돌들이 왜 유느님을 꿈꾸지 않을까? 다만 불확실한 시장에서 단기적으로 빠른 성공을 하기 위해선 '이미지'에 목숨을 걸어야 한다.

이러한 사정은 이해하지만 아이돌이 젊은 세대에게 끼치는 파급력을 고려하면 그들이 이미지가 아닌 더 다양한 매력을 보여주었으면 좋겠다. 예쁘고 멋있고 싶어 하는 것은 본능이다. 하지만 이 본능에 과도하게 집착하게 만드는 것은 코르셋이다. 이 코르셋을 억죄게 만드는 데엔 시청각 매체가 영향이 크고, 지금 시청각 매체를 이끄는 건 아이돌이다. 지금 당신이 읽고 있는 이런 글보다도 아이돌의 인스타 한 장의 파급력이 훨씬 더 큰 시대다. 큰 힘엔 당연히 큰 책임이 따라야 한다.

이는 아이돌보다도 소속사가 신경을 써야 할 일이다. 끼와 재능만으로 그들의 성공을 설명하기에 왜 그들은 하나 같이 다 예쁘고 멋있을까? 소속사가 아이돌을 구성할 때 '이미지'에 신경을 쓰기 때문이다. '이미지'는 시장에서 가장 빠르고 확실하게 팔리는 요인이다. 하지만 대중을 상대로 하는 장사라면 그 장사가 대중에게 끼치는 영향을 생각해야 한다. 앞서 경제는 정치에, 정치는 문화에 영향을 받음을 이야기했다. 그리고 책과 교육만큼이나 요즘 10대들의 문화에 영향을 미치는 건 아이돌이다. 그들의 파급력이 크기 때문에 소속사는 사회에 책임감을 가지고 행동해야 한다. 그들이 다양한 목소리를 낼 때 그들의 어린 팬들은 이미지라는 하나의 매력에만 치중하지 않고, 화장도 코르셋 죄듯 집착하지 않을 것이다.

2. 페미니즘과 남성

남성이 쓴 페미니즘 도서

한국콘텐츠진흥원에 들어가면 출판시장 동향을 볼 수 있다. 출판시장은 여성의 구매율이 매우 강한 시장이다. 대다수의 출판사들은 여성 독자를 대상으로 한 책들을 내고 있다. 거기다 독립출판, 1인출판 등으로 출판에 대한 장벽이 낮아진 환경과 페미니즘이 돈이 되는 시대는 다양한 페미니즘 도서 출판 붐을 일으켰다. 그런데 이 중 남성이 쓴 페미니즘 도서는 찾기 힘들다.

워마드는 불편하지만 페미니즘은 해야 해

남성은 페미니즘 도서를 쓰기 힘든 상황이다. 남성이 페미니즘에 대해서 글을 쓰면 문제를 다각도로 분석해야 한다고 생각하는 '저자'의 특성은 지워지고 '남자'라는 성별로 단순하게 환원되어 버린다. 남자는 당연히 '맨박스'에 갇혀 있기 때문에 저자의 분석 대부분은 '오빠가 허락한 페미니즘'이 되어 버린다.

이런 상황에서 남성들이 쓴 페미니즘 책은 주로 두 종류이다. 하나는 안티 페미니즘 진영 편에 서서 래디컬 진영과 싸우는 책이다. 극단적 성분리주의 형태를 띠고 있는 급진적 페미니즘을 혐오하지만 그들 역시 마찬가지로 페미니즘을 성대립 문제로 몰아가 여성들을 공격하고 남성들의 공감을 얻으려고 한다.

다른 하나는 소극적인 남성들이다. 친구들의 한남스러운 대화에 속마음으로 그들의 무지함을 한탄하면서 자신은 탈한남 했음에 뿌듯해하는 자기위안으로 여성 독자들의 박수를 받는 책들이다. 도대체 그런 자기위안이 우리사회에 무슨 도움이 될까 싶다.

남성이 페미니즘에 나서는 건 어떠한 명분도 실리도 없다며 그저 여성의 협력자로 보조적인 역할만을 하라는 글도 있다. 남성에게 명분도 실리도 없는 운동이라면 도대체 남성이 이 운동에 보조적인 역할을 해야 하는 까닭은 무엇인가?

최근 페미니즘 도서를 읽으면 모든 걸 성대립 문제로 가져가는 극단적인 성분리주의적 페미니즘 말고는 페미니즘이 없는 듯하다. 이러한 글들이 많은 이유는 그러한 글들이 쓰기가 쉽기 때문이다.

세상은 이분법으로 보면 편하다. 여성은 약자이고 남자는 강자이다. 여성은 피해자이고 남성은 가해자이다. 대표집단으로 여성과 남성을 나누게 되면 이는 옳은 말이지만 과연 여성이 약자고 남성이 강자라는 것이 어디까지 통용되는 말일까? 남성 100 전부가 강자고 여성은 100 모두가 약자일까? 남성 강자 60과 여성 강자 40 정도일까? 이처럼 남성과 여성 집단 안을 자세히 보면 문제가 복잡해진다. 어떠한 부분에선 여성은 강자이고 남성은 약자이다. 같은 여성끼리도 갈등이, 같은 남성끼리도 갈등이 보인다.

곰탕집 사건의 잘잘못을 가리는 것은 무척이나 힘이 든다. 하지만 이때 성대립이란 색안경을 가지고 보면 문제가 너무도 쉬워진다. 남자는 잘못했고 여성은 잘못이 없다. 마찬가지로 성체를 훼손하거나 남성들에 대한 몰카 사건도 색안경을 끼고 보면 범죄가 아니다.

페미니즘은 해야 한다. 여성에 대한 차별에 공감하고 이를 없애야 하는 것에도 동의한다. 하지만 막상 페미니즘 도서라고 읽었는데 밑도 끝도 없이 남성을 배척하는 답답한 책들이 많다. 남성과 여성은 다르다. 하지만 이것이 남녀를 분리시켜야 한다는 근거가 되진 않는다.

가장 화가 나는 부분은 소위 지식인이라는 사람들이 앞장서서 이러한 상황을 만들었다는 점이다. 세상을 참 쉽게도 남성과 여성 둘로 나누어 '남성=권력자', '여성=약자'라는 프레임을 씌워버리고 여성을 향한 찬양과 남성에 대한 비판으로 문제 해결이 아닌 성별 대립만 만든다. 그리고 그런 글들은 여성으로부터 비판을 피할 수 있고 출판시장에서 잘 팔린다.

남성은 페미니즘에서 분명한 한계를 가지고 있다. 여성의 입장에서 성차별을 받아본 적이 없는 남성은 타자에 불과하다. 그러나 타자의 공감과 이해를 저버린 그들만의 잔치에선 화합이 이뤄질 수 없다. 타자의 이해를 저버리고 갈등을 종식시키는 방법은 힘으로 억누르는 방법밖에 없다. 페미니즘 단체가 원하는 것이 여성 동지들의 단결로 기존 사회를 전복시켜 남성들을 자신들의 밑에 두고자 하는 것이 아닌 이상, 남성을 배척하는 것이 페미니즘에 도움이 되지 않는다.

페미니즘 도서라고 책을 펼쳤는데 여성차별에 대한 해방을 겉으로 외칠 뿐 속으론 남성혐오가 가득한 책들을 보면, 점점 페미니즘 도서를 읽기가 힘들어진다.

페미니즘 책을 읽지 않는 남성

사정이 이러니 남성에게 페미니즘 책 읽기란 좀 불편하다. 또래 아이들의 압력에 정신지체 여아를 성폭행한 일화를 통해 남자임을 반성하게 하는 책을 보통의 남성들이 읽고 공감할 수 있을까? 너무도 안타까운 사실은 책 속에 좋은 내용이 많다는 점이다. 그러나 이 책은 보통 다수 남성의 행동을 촉구하는 주장을 하면서 보통 다수 남성 독자의 공감은 얻지 못할 서술을 하고 있다.

우리나라의 성인 평균 독서율은 1년에 10권이 채 되지 않는다고 한다.[51] 사실 이 통계도 애독자들이 높인 평균치로 보인다. 주변을 둘러보면 1년에 책 한 권 읽기도 힘들어하는 사람들이 많다. 심지어 남성은 앞서 말한 대로 출판시장에서 약세

---

[51] 2017년 국민 독서실태조사. 성인 연간 종이책 독서량 평균 8.3권.

다. 여자와 비교하면 책을 더 안 읽는 편이다. 그런데 페미니즘 분야의 책들은 이들이 읽기에 매우 불편하다. 1년에 책 한 권 겨우 읽는 사람이 책을 집었는데 공감도 못할 책을 읽었으니 페미니즘에 대해서 '에이, 내가 이런 걸 왜 해!'라고 생각이나 안 하면 다행이다.

그런 의미에서 당신이 다양한 페미니즘 책을 비교하며 읽었으면 좋겠다. 책을 쓰는 동안 다양한 페미니즘 책을 읽었다. 모든 책들에 대해 수긍하는 부분도, 그렇지 않은 부분도 있다. 어느 한 권을 읽어서는 파악이 되지 않지만 서로 다른 책을 여러 권 읽다보면 왜 서로 다른 이야기로 갈등을 하는지 이해된다. 한 쪽에 쏠려있는 페미니즘 책을 읽으면 확증편향만 생길 뿐이다. 다양한 책을 묶어서 읽는 것이 종합적인 사고에 도움이 될 것이다.

『82년생 김지영』[52]과 『아버지는 누구일까』[53]

여성의 삶을 이해하지 못하는 남자에게, 또 남성의 삶을 이해하지 못하는 여자에게 추천하기 좋은 소설이다. 남녀는 상대방의 삶에 대해 전부 알 수 없다. 서로 다른 운동장에 서 있기 때문에 기울임 정도가 다르고, 이 때문에 페미니즘에서도 온도 차이가 생기기 마련이다. 남성들이 여성의 외침을 이해하기 위해선 김지영의 아픔을 보길 원한다. 마찬가지로 여성들 또한 남성들이 어떤 생각을 하는지 알아야 한다.

『82년생 김지영』 이후 안티페미 진영에서 이를 남자 버전으로 바꾼 '**년생 ***' 시리즈가 페북 글로, 책으로 수차례 나왔었다. 하지만 그런 글들 대부분은 여성을 공격하기 위해 집필을 한 것이 아닐까 싶을 정도로 날이 서 있다. 『아버지는 누구일까』는 2007년에 나온 도서로 작품 배경도 82년생과 견주기에는 '올드'하다. 그러나 남성 편들기가 아닌 남성, 그 중에서도 가장의 삶이 녹아있는 소설이다. 두 책을 다 읽어보길 권

---

52 조남주 지음, 민음사, 2016.
53 김종윤 지음, 자유지성사, 2007.

한다. 갈등은 어느 한 쪽이 아니라 서로가 이해하려고 노력할 때 해소된다.

『이성의 동물』[54]과 『소모되는 남자』[55]

두 권 다 진화심리학을 논하는 책이지만 서로 다른 이야기를 하는 것처럼 느껴진다. 『이성의 동물』을 읽어보면 왜 성차가 생기는지에 대한 이해를 돕는다. 반면 『소모되는 남자』를 읽어보면 왜 페미니즘 진영에서 진화심리학을 반대하는지 알 수 있다. 『나는 진화심리학이 말하는 차별이 불편합니다』와 『페미니스트가 매우 불편해 할 진화심리학』처럼 페미니즘으로 서로 대립각을 세운 책들에 비해서 읽기도 무난하다.

그럼에도 불구하고 진화심리학이 불편하다면 『여성시대에는 남자도 화장을 한다』[56]를 추천한다. 이 책은 사회생물학 책으로 성차와 페미니즘에 대한 고찰이 담겨져 있다. 책 속 문장들을 살펴보면 "몇몇 초창기 사회생물학자들이 얼마 되지

---

54 더글러스 T 켄릭·블라다스 그리스케비시우스 지음, 미디어윌, 2014.
55 로이 F 바우마이스터 지음, 시그마북스, 2015.
56 최재천 지음, 궁리출판, 2003.

않는 자료들로 어설픈 결론"을 내린 것을 인정하지만 "사회생물학의 본질은 사실 페미니즘의 이상과 근본적으로 일치한다"고 서술한다. 다름은 다름으로만 설명할 뿐 다름을 넘어서 평등한 관계를 만들어야 한다고 주장하는 책으로 읽어보길 추천한다.

『페미니즘의 도전』[57]과 『그 페미니즘은 틀렸다』[58]

『그 페미니즘은 틀렸다』는 래디컬 페미니즘 진영에 대한 부정과 함께 휴머니즘 노선을 제시한다. 페미니즘을 둘러싼 한국의 현실을 분석하여 어떤 과정을 통해 국내 페미니즘 운동이 진행되었는지 설명하고 그 과정서 생긴 문제점을 비판한다. 이를 반대하는 래디컬 페미니즘 진영의 책도 많다. 진짜 페미니즘과 가짜 페미니즘을 나누는 것이야 말로 오빠의 허락이라며 틀린 페미니즘은 없다고 부정하는 식이다. 하지만 이런 책들은 대부분 비판보다는 비난이 많다. 그래서 극단의

---

57 정희진 지음, 교양인, 2013.
58 오세라비 지음, 좁쌀한알, 2018.

책을 소개하기보다는 『페미니즘의 도전』을 더 추천하고 싶다.

두 책을 읽다 보면 서술의 차이를 느낀다. 각각 추구하는 노선은 다르지만 각 주장을 읽다보면 왜 그런 생각을 하게 되는지 수긍할만한 지점들이 있다. 기울어진 운동장의 인식 차이는 페미니즘과 휴머니즘의 차이를 낳는다.

다양한 책읽기는 페미니즘 분야가 아니더라도 추천하는 독서방식이다. 독서는 마음의 양식이다. 자신의 입맛에만 맞춘 식사는 편식이 된다. 조중동 신문과 한겨레, 경향신문을 같이 읽는 것이 한 쪽에 쏠린 정보 불균형을 방지하는 것처럼 다양한 독서는 편협한 사고를 벗어나 더 넓은 다차원적 사고를 가능케 한다.

양쪽의 페미니즘 도서를 읽자. 자신과 다른 생각을 하는 저들이 어떤 생각을 하는지 이해하려고 노력하는 시도는 갈등에서 화합으로 나아가는 첫 단계다.

3. 성차와 성차별

직업군과 성차별

Q. 다음 중 여자가 하기 좋은 직업은?

A. 대통령, 국무총리, 국방부 장관, 경찰청장, 의사

올해 숙명여대역 지하철에 붙어있던 광고다. 맞는 말이다.
우리는 차별하지 않아야 하고 모든 직업에서 남자와 여자는
평등해야 한다.

2018년 6월, 경찰청 성평등 정책담당관이 경찰직, 소방직 체
력검정을 할 때 여성은 신체적 특수성이 있으니 기준을 완화

해야 한다는 주장을 하여 한동안 이슈가 된 적이 있었다. 4장에서 살펴봤듯이 남성과 여성은 다르다. 그렇기 때문에 '여성의 신체적 특수성' 또한 이해할 수 있는 부분이긴 하다.

그러나 차별과 구별은 분간해야 한다. 어떠한 특정 직군에서 필요로 하는 능력이 있을 때 이 능력에 해당되는 사람만 '구별'하는 것은 차별이 아니다. 삼성이 NCS시험을 보는 이유는 시험을 통해 원하는 인재를 구별할 수 있기 때문이지, 시험 점수가 낮은 사람을 차별하기 위해서가 아니다.

그렇다면 체력검정이 차별인지 구별인지 알아보자. 여성이란 이유만으로 혼자서 조폭을 상대할 수 없고 화재에서 누구보다 많은 사람을 구할 수 없을까? 아니다. 광역수사대 근무 3년 만에 조폭 50명을 수감시킨 전북지방경찰청 광역수사대 이정옥 경사처럼 혼자서 조폭과 대치하는 여경도, 많은 사람을 구한 여성 소방대원도 존재한다. 가능성은 성별이 아니라 얼마나 노력을 했느냐에 달려 있다. 이는 남성 또한 마찬가지다. 조폭을 상대할 수 있는 남자도, 그렇지 못하는 남자도 존재한다. 이들을 구별하기 위해 체력검정이 필요한 것이다. 체력검정은 여성을 차별하기 위한 정책이 아니라 임무수행에 필요한 역량을 갖추었는지 구별하기 위한 것이다.

이것이 잘못되었다고 말하기 위해선 경찰직, 소방직과 체력검정 사이에 상관관계가 없어야 한다. 업무 중에 체력을 필요로 하는 일이 없는데 굳이 성별에 따라 차이가 큰 체력을 합격 조건으로 만들어 성차별을 자행한다는 것이 뒷받침되어야 한다. 그렇다면 과연 경찰관, 소방관을 뽑는데 체력검정이 필요 없을까?

소방청의 경우 여성의 체력 검정 기준을 높이는 방안을 추진한다고 한다. 현장서 '환자를 들것에 싣거나 나르지 못하고, 소방호스 노즐을 혼자 들지 못하는' 여성 대원에 불편함을 느끼는 대원이 존재하며 '평균적으로 남성의 65%에 맞춰진 체력검정 기준을 80% 이상으로 끌어 올리는 계획을 검토' 중이라고 한다.[59]

앞서 이야기한 경찰청 성평등 정책담당관은 체력검정을 낮춰서 여경을 뽑는 이유는 현장에서 여성 주취자나 가정폭력 피해자가 여경의 도움을 받기 위해서이며, 경찰 업무에 체력검정이 필요 없는 업무가 있다고 주장하였다. 그렇다면 이는

---

59 "호스조차 못 들어"… 여성소방관 체력검정 강화.' 《서울신문》 2018년 7월 2일.

기존 경찰과 구분해야 한다. 똑같은 경찰로 뽑아서 '여성'이기 때문에 '특정 업무'만 한다는 것은 똑같은 회사 생활을 하면서 누구는 태생적인 한계가 있으니 편한 일만 하겠다는 정도로밖에 들리지 않는다. 이렇게 사람을 뽑으면 무리 내에서 차별과 갈등만 더 벌어진다. 도대체 성차별을 줄이겠다는 것인가, 성차별을 조장하겠다는 것인가?

여성은 무엇이든지 될 수 있다. 단, 이것은 여성이기 때문이 아니라 사람이기 때문이다. 모든 사람은 개인의 노력 여하에 따라서 무엇이든지 될 수 있다. 경찰이 되기 위해선 남자건, 여자건 해야 하는 노력이 있다. 특정성별로 태어났기 때문에 노력의 기준을 낮추는 것은 특정성별에 대해 한계를 규정짓는 행위이다.

'여자로 태어났지만 경찰이 되어서 조폭도 잡을 수 있어요!'

'여자로 태어났으니 경찰이 되어서도 조폭 잡는 일 대신 가정폭력 피해자만 상대할게요!'

경찰청 성평등 정책담당관이 스스로 여성이란 성별에 코르셋을 죄고 있는데 왜 여기에 여성단체들이 반발을 안 했는지 이해할 수 없다.

남녀직업군 선호 차이와 쏠림현상

그렇다면 앞에 나온 광고를 바꿔보자.

Q. 다음 중 여자가 하기 좋은 직업은?
A. 반도체기술직, 배달업, 조선업, 중장비 기술자

스포츠 광고의 문구를 인용하자면 불가능은 아무것도 아니다. '치맛바람 라이더스'라는 행사가 있었다. 여자가 바이크를 타는 것에 대한 부정적인 시각을 없애고자 치마를 입고 바이크를 타는 행사로, 이 행사 주최자는 트위터를 하고 바이크를 타고 페미니즘을 하는 사람이란 뜻으로 '트바움' 모임 회원이라고 한다. 여자들도 바이크를 탈 수 있다. 마찬가지로 여자들도 오토바이 배달을 할 수 있다. 그런데 왜 배달업엔 남자들만 많은가? 이 또한 차별일까?

6장에서 남녀소득 불균형을 유리천장, 경력단절, 직업군 선

워마드는 불편하지만 페미니즘은 해야 해

호 차이로 나누어 살펴봤었다. 4장에서 살펴봤듯이 남녀 성차는 존재하고 이로 인해 남녀는 특정 직업군에 선호 차이가 생긴다.

여자도 바이크를 탈 수 있고 경찰이 될 수 있다. 하지만 상대적으로 위험 감수를 더 즐기고 체격이 좋은 남자들이 여성들에 비해 바이크와 경찰에 쏠려 있을 수 있다. 마찬가지로 선생님엔 여자가 많다. 아이들을 가르치는데 상대적으로 남성보다 흥미가 높기 때문이다. 이처럼 직업군 선호는 성차에 의한 성별쏠림 현상이지만 여기에 '높은 임금'이 들어가면 차별로 보인다. 공장과 3D 직종엔 남성들이 가득하지만 이는 차별로 보지 않고 고소득 직종에 몰려있는 남자들만 가리키며 이를 차별이라고 소리친다.

물론 특정성별이 독점하고 있는 분야에서 소수에 속하는 성별이 차별을 받는 문제는 있다. 군대에서 여자가, 화장품 기업에서 남자가 큰 목소리를 내기란 힘든 일이다. 그리고 우리나라의 기업은 어느 분야나 꼭대기에는 남성이 가득하다. 이러한 차별은 없어져야 한다. 어떤 직군에서 고위직의 문턱에 섰을 때 여성이란 이유만으로 차별을 받는다면 반대해야 한다. 하지만 특정성별을 기피한 것인지, 특정성별이 기피한 것인지에 대한 구분은 있어야 한다.

모두가 같은 운동장에
서 있다는 착각

　사람마다 페미니즘에 온도가 다른 이유는 서로 기울어진 운동장에 대한 인식이 다르기 때문이다. 별로 기울기가 없다고 생각하면 여성복지가 잘못된 '우대'로 보일 것이며, 기울기가 매우 크다면 남성에게 역차별적인 상황이 '다소' 있더라도 큰 문제 해결을 위해 참고 넘어갈 수 있을 것이다.

　저마다 다른 운동장에 서 있으면서 같은 운동장에 서 있다는 착각은 갈등을 야기한다. 세상은 남녀로만 나누기에는 너무도 복잡한 운동장이다. 고소득 전문직 여성의 페미니즘과 비정규직 여성의 페미니즘은 다르고, 40대 남성과 20대 남성의 페미니즘 역시 다르다.

한국 사회는 격변했고 저마다의 운동장은 다를 수밖에 없다. 하지만 이들은 서로 다른 운동장에서 자신에겐 '옳지만' 상대방에게는 '틀린' 소리를 외치고 있다. 이러니 합의는 이루어지지 않고 시끄러울 뿐이다. 이 책에서 근현대사를 재조명하고 진화심리학을 참고한 이유는 우리가 이 운동장에 대한 이해가 필요하다고 생각했기 때문이다.

불편한 페미니즘

흔들리지 않고 피는 꽃은 없다. 페미니즘은 남성 위주 사회가 가지고 있는 문제점에 대한 반발에서 나온 운동이다. 기존 사회가 가지고 있는 폐단을 없애는 과정은 힘들고 어렵기 마련이다. 노예제 폐지를 위해서 남북 전쟁을 겪었고, 봉건 권력 타도를 위해서 시민혁명을 치렀다. 전쟁과 혁명에는 고통이 수반 되지만 이는 더 나은 세상을 만들기 위한 성장통이다.

그렇기 때문에 페미니즘은 불편해야 한다. 기존 사회가 가지고 있는 문제점을 그냥 넘어가지 않고 '불편함'을 느껴야 하며, 이에 끊임없이 저항해야 하기 때문이다. 오랜만에 친척들이 명절이라고 모였으니 하하호호 즐겁게 놀지, 왜 '도련님'이란 호칭에서 젠더 권력을 묻냐고 따지는 것은 기존 사회가 가지고 있는 '전례'를 용인하는 행위이며 더 나은 변화를 위한 '불편함'을 거부하는 것이다. 차별이 사라져 조금 더 세상을 행복하게 만들기 위해선 불편한 과정을 거쳐야 한다.

그래서 메갈리아와 워마드가 등장하고 처음 1~2년은 긍정적인 시선으로 그들을 바라보았다. 극단적인 방법에도 '오죽하면'이란 생각이 먼저 들었고 '이렇게까지' 해야 우리 사회가 변화하지 않을까 하는 기대감이 들기도 했었다. 그러나 시간이 지나면서 성소수자 연대 반대, 남성혐오 등 그들이 만드는 불편함을 보았다. 그들의 불편함은 혐오에서 파생된 '성장 없는 불편함'에 불과하다. 아픈 뒤에 성장이 있어야 청춘이었다고 회고하는 것이지, 성장도 없는데 아프면 병이다.

그리고 그들 때문에 페미니즘은 어느 사이에 불편하게'만' 변했다. 최근 몇 년 사이에 페미니즘에 대해 피로도가 쌓였다고 생각한다. 페미니즘과 안티 페미니즘이란 양극단의 진영을 낳았고 페미니즘에 대한 기사 댓글에 점점 더 부정적인 의견이 늘고 있음을 느낀다. 페미니즘이란 노선에선 정상적인 이야기를 할 수 없다고 판단한 사람들이 휴머니즘 노선으로 갈아타고 있는 것도 보고 있다.

페미니즘 단체들은 워마드와 선을 그어야 한다. 더 나은 세상을 위해 불편함은 감수해야겠지만 이유 없는 불편함은 거부해야 한다. 혐오는 군중을 선동해 '내 편'으로 만들기엔 좋은 수단이지만 장기적으로 많은 사람들을 불편하게만 만들 뿐이다. 페미니즘과 워마드의 결별은 앞으로 페미니즘이 양적 성장이 아닌 질적 성장에 주력한다는 것을 시사한다. 그것이 페미니즘을 더 오래 지속하는 길이다. 흔들리지 않고 피는 꽃은 없다. 하지만 흔들린다고 모두 꽃을 피우는 것은 아니다. 잘못된 흔들림으로 지금껏 쌓아올린 성이 무너질지도 모른다.

마지막으로 여혐이든 남혐이든, 혐오는 하지 말아야 한다는 이야기를 하고 싶다. 100이나 되는 여혐을 없애기 위해서 페미니즘을 하는데 갑자기 10 수준도 안 되어 보이는 남혐의 언급은 역시나 '한남'스러운 발언으로 보일 수 있다. 그러나 여혐을 없애기 위한 운동에서 남혐이란 부산물이 나오는 것에 무감각해지면 안 된다. 여혐이 나쁜 것은 여자가 대상이 되었기 때문이 아니라 혐오가 나쁘기 때문이다. 여혐을 없애기 위해서, 혐오를 없애기 위해서 우리는 모든 혐오에 반대해야 한다.

부족함이 많은 글이다. 저자의 짧은 식견과 필력 때문에 성소수자나 다문화 여성에 대한 차별 등 많은 이야기를 다루지 못하였다. 부족한 책임에도 불구하고 용기를 내어 출판한 까닭은 혐오가 가득한 최근 페미니즘에 대하여 자정작용을 촉구하고 싶었기 때문이다. 여성차별은 실재하고 이를 없애기 위해 노력하고 싶다. 하지만 지금 매체에서 떠드는 페미니즘은 불편하다. 그들이 페미니즘이라는 푯말 아래 떠드는 말들이 혐오의 부산물이기 때문이다. 남녀분리주의를 외치며 미러링을 정당화하는 그들의 페미니즘이 페미니즘의 전부가 아니라는 말을 하고 싶었다.

끝으로 퇴고를 도와 준 P에게 고마움을 전한다. 매서울 정도로 날카로운 비평을 해준 P가 있었기 때문에 멈추지 않고 글을 쓸 수 있었다. 끝까지 읽어준 당신에게도 고마움을 전한다. 책장을 덮은 뒤에도 당신이 읽은 이 책이 정말로 도움이 되었는지 계속하여 물음을 가졌으면 좋겠다. 그리고 부디 이 한 권의 책이 아니라 다양한 책을 통해 그 물음에 대한 답을 찾길 바란다.

2018. 11. 29.

김지우

워마드는 불편하지만 페미니즘은 해야 해

발행일 1쇄 2019년 2월 10일
지은이 김지우
펴낸이 여국동

펴낸곳 도서출판 인간사랑
출판등록 1983. 1. 26. 제일 – 3호
주소 경기도 고양시 일산동구 백석로 108번길 60 – 5 2층
물류센타 경기도 고양시 일산동구 문원길 13 – 34(문봉동)
전화 031)901 – 8144(대표) | 031)907 – 2003(영업부)
팩스 031)905 – 5815
전자우편 igsr@naver.com
페이스북 http://www.facebook.com/igsrpub
블로그 http://blog.naver.com/igsr
인쇄 인성인쇄 **출력** 현대미디어 **종이** 세원지업사

ISBN 978 – 89 – 7418 – 819 – 1 03330

이 도서의 국립중앙도서관 출판시도서목록(CIP)은 서지정보유통지원시스템 홈페이지(http://seoji.nl.go.kr)와
국가자료공동목록시스템(http://www.nl.go.kr/kolisnet)에서 이용하실 수 있습니다.(CIP제어번호: CIP2019002653)